トランプドルの衝撃

新生アメリカは
ロシアとの
白人同盟を目指す

ベンジャミン・
フルフォード

SEIKO
SHOBO

『トランプドルの衝撃』◆目次

第2章 アメリカ「分裂と内戦」の歴史的真相

妨害されていた東西融和の道

第3章 激闘! アメリカ大統領選

トランプ軍事政権を生んだアメリカ軍vsナチスアメリカの闘い

第4章 暗躍するロシア

驚愕の「キリスト教諸国連合」構想

第5章 ヨーロッパとイスラム圏の再編

石油利権で20世紀史を見れば現代世界がわかる

エピローグ——人類運命共同体の黄金時代に

装幀——フロッグキングスタジオ
企画協力——株式会社マスターマインド

プロローグ――トランプドルが発行される日

◆米連銀を国有化する大統領令が発令された

２０XX年、アメリカ政府はドルからの離脱と新通貨「トランプドル」を発行する――。そう〝予言〟すれば、読者はどう思うだろうか。大半の人が「まさか」、あるいは「ありえない」と考えることだろう。

実は「トランプドル」そのものはすでに存在している。いや、嘘ではなく、正真正銘、ドナルド・トランプの似顔絵を描いた1ドル札があり、ちゃんと使える本物の紙幣なのだ。日本でもＡｍａｚｏｎなどで入手できる（https://www.amazon.co.jp/Celebrity-banknotes-Donald-Trump/dp/B01MTX8IM9）。この「トランプドル」は、アメリカ政府公認の、まあ一種の記念紙幣だ。日本でもオリンピックといった大きなイベントの際、記念硬貨を発行するだろう。それと一緒で大統領就任を記念して作られた紙幣であり、実際、額面1ドルながら、その値段は40ドル。日本円にして４０００円となっている。

この「トランプドル」はお遊びとはいえ、ドナルド・トランプが本物の「トランプドル」の発行を目指しているのは間違いなく事実なのである。

大統領に就任したドナルド・トランプが行った、金融に関する最初の大統領令が同年2月3日にあった。これがとんでもない内容であったのだ。とても重要なのでリンク先を掲載しておこう。（https://www.whitehouse.gov/the-press-office/2017/02/03/presidential-ex ecutive-order-core-principles-regulating-united-states）

その大統領令について、欧米メディアは「金融規制改革法（ドッド・フランク法）の見直しに関する大統領令」とお茶を濁した。しかし原文を読めば、アメリカ政府がＦＲＢ（連邦準備制度理事会）を国有化しようとしているのが、はっきりと読み取れるのだ。

注目すべき大統領令の文言は、中程に書かれた以下の部分となる。

「restore public accountability within Federal financial regulatory agencies（連邦金融監督機関の公的責任を回復する）」という一文である。

アメリカ憲法には「貨幣を鋳造《ちゅうぞう》し、その価格および外国貨幣の価格を規制する権限、ならびに度量衡《どりょうこう》の基準を定める権限」は連邦議会が持つと定められている。ゆえに現行のドル札には憲法に抵触しないよう「ＢＩＬＬ」ではなく「ＮＯＴＥ」と印刷されているわけだが、それを踏まえると「連邦金融監督機関の公的責任を回復する」という文言が意味するところ

これはAmazonで入手できる記念紙幣
これから本物のトランプドルが発行される

は「米連銀の国有化」と考えるのが妥当だろう。

実はトランプ、ホワイトハウスの大統領執務室にアンドリュー・ジャクソン（第7代アメリカ大統領、在任１８２９－１８３７）の肖像画を掲げている。（http://www.politico.com/magazine/story/2017/01/andrew-jackson-donald-t rump-populist-president-history-214705）

メディアはさっそく、ジャクソンはインディアンや黒人などに対する「人種差別主義者」だった、同じ差別主義者を信奉しているのだろうと悪意ある報道をしている。しかしジャクソンは、一方で当時の民間中央銀行（第2合衆国銀行）を廃止し、中央銀行の機能を政府に取り戻した唯一の大統領なのである。彼は、それを遂行した最後の大統領で、その後、民間企業に戻った中央銀行から再び通貨発行権を政府に取り戻そうとしたエイブラハム・リンカーン（第16代米国大統領、在任１８６１－１８６５）とジョン・F・ケネディ（第35代米国大統領、在任１９６１－１９６３）は、それを理由に暗殺されてしまった。ジャクソンの肖像画を大統領執務室に掲げているのは、中央銀行の国有化か、あるいは財務省発行による政府通貨かは別にして、発行権を政府に取り戻そうという意志なのは間違いあるまい。

このことからもトランプ政権が、アメリカ政府による「トランプドル」に向けて動きだしていることが理解できよう。

その決意は２０１７年1月20日の大統領就任演説にも表れている。この演説でトランプが

大統領執務室に第７代大統領アンドリュー・ジャクソン（在任1829－1837）の肖像画を掲げる第45代大統領ドナルド・トランプ

何度も強調したのが、「アメリカ・ファースト」だ。

トランプ政権は、とにかくアメリカの国益を最優先していく。そう宣言した。アメリカ大統領としては正しい意見ではあろう。相変わらずメディアの論調は、国際協調を無視して輸入品にバカ高い関税をかけ、メキシコ国境に通称「トランプの壁」を作ろうとしているなど批判的な報道も多かったが……。

ここで重要なのは、「アメリカ・ファースト（アメリカ優先主義）」をことさら強調した背景である。

The forgotten men and women of our country will be forgotten no longer.（私たちの国の忘れられた男性たち、女性たちは、もう二度と忘れられることはありません）

アメリカという国家が「ないがしろ」「後回し」にしてきた存在があることをトランプは強調した。それを取り戻すと大統領就任演説で宣言した。しかし、それはアメリカ人に雇用を取り戻すという意味だけではない。そう見るべきなのだ。これは、いうなれば「アメリカ・ラスト」への痛烈な皮肉なのだ。

アメリカ・ラスト。

それこそが「通貨発行権」である。

実はアメリカは1776年の建国以来、政府紙幣の発行を制限されてきた。政府紙幣を発行しようとした歴代の大統領は、暗殺または暗殺未遂になるというアメリカ最大のタブーとなってきた。

多くの人が勘違いしているが、現在の「ドル」は、アメリカ政府が発行した通貨ではなく、FRB（連邦準備制度理事会）という私企業が発行した「アメリカ国債の引換券」にすぎない。

これが便宜上、アメリカの通貨となり、国際基軸通貨として流通しているのだ。

これが、どれほど異常なことなのか。

いや、現在、日本を含めた〝民間〟の中央銀行による通貨発行システムの持つ「異常性」によって、我々の世界は歪《ゆが》められてきたのである。

◆通貨発行権を取り戻す闘い

国家とは何か？

その定義は民族、法体制、政体など、いろいろあろうが、とどのつまり、国家の根幹は「通貨発行権」へと辿《たど》り着く。極端な話、国家とは「通貨を発行するシステム」なのである。

理由は簡単だろう。通貨発行は〝権力〟のシンボルだからである。

たとえば日本の1万円札は、偽造防止など世界最高レベルの品質を誇るが、その原価は5円程度にすぎない。1万円の「製造」で9995円の利益がでるのだ。もし日本銀行が100兆円分の紙幣を「製造」すれば、「99兆9500億円」の儲けとなる。

これを通貨発行益という。利益率99・95％、まさに究極のビジネスではないか。

金貨や銀貨、あるいは金や銀と交換する兌換《だかん》紙幣にせよ、発行元の国家は通貨発行益を織り込み、金や銀の含有量や交換比率より額面をはるかに高く設定する。国家は通貨を作れば作るほど莫大な利益を得ることができるわけだ。

本来の価値より高く売れるのは、その通貨を発行する国家に「信用」があるからである。わかりやすく言えば、1万円の紙幣は日本政府が「1万円の価値あるモノ」との交換を保証することで成り立つ。5円で作った紙切れである1万円札の価値とは日本政府への信用そのものと言っていい。

国家とは、国家の信用度とも言うべき通貨を発行し、それで創造した莫大な「富」を使って国を繁栄させて、いっそうの信用を高めていく。ようするに国家とは、通貨発行益という「打ち出の小槌《こづち》」、究極の財布を持つことで国家という巨大組織を運営する。それがなければ、国家など維持できないものなのだ。

企業で言うならば、自前の銀行を持ち、資金不足になればいくらでも資金を調達できる会社と、反対に銀行を持たず、その都度、バカ高い金利で借金せざるえない企業を比べればわかりやい。まともな資金調達のできない会社は、どんなに社員が働き者で最新の技術があろうが、簡単に潰れてしまう。

もうおわかりだろう。それが今の「アメリカ」なのだ。国家最強の武器と言っていい「通貨発行権」、通貨の発行益を持たないどころか、その通貨を得るためにバカ高い金まで払っているのがアメリカという国家なのだ。ある意味、二重に損をしている。この状況では、どんな有能な政治家が大統領になろうが、アメリカの国家運営は財政破綻《はたん》して崩壊する。

ドナルド・トランプは、政治家というより有能な経営者である。アメリカを企業として見た場合、バカ高い資金調達を繰り返し、借金をしながら借金を返して雪だるま式に借金を増やしているバカな企業としか思えないだろう。それを解消するには、当然、自前の銀行を持つこと、つまり、通貨発行権をアメリカ政府に取り戻して通貨発行益を使って再建するという、ごく当たり前の答えに辿り着く。

その答えが「トランプドル」なのである。

◆米ドルが実は借金札であることの異常さ

現在のアメリカの通貨システムがどれほどおかしなものなのか、少し説明しよう。日本でも国家予算が足りない場合、赤字国債を発行して穴埋めする。その債務残高が1000兆円になっていると問題視されている。

さて、この1000兆円分の公債残高だが、実はまったく気にすることはない。国債は額面1000万円が多い。その額面を「1万円」「5千円」「1000円」に分割して、それを「日本政府国債券」として流通させてしまえばいいのだ。つまり、「日本銀行券」とそっくりにしてしまうわけだ。この場合、金利はゼロにする。国債なので、当然、日本銀行券と同様に日本政府が「価値」を保証している。

この「日本政府国債券　額面1万円」を手にした人は、果たして困るだろうか？　日本銀行券に替えてくれ、という人は少ないのではないか。そのまま「お金」として使えばいいからである。1000兆円の借金は、その瞬間、たちまち1000兆円のマネーとなる。お金としての価値を生み出すのだ。政府が最終保証する意味で正規の国債も1万円分の日本政府国債券も変わりはない。ゆえに予算が足りない場合、赤字国債を発行するのではなく「日本政府国債券」を発行して穴埋めすればいいのだ。実に簡単だろう。いや、そんな面倒なことをせずとも、国有化された日銀券で政府が国債をすべて買ってしまえばいいのだ。

なぜ、やらないのか。それは現在の法律で禁じているからである。何者かが「禁じ手」として封印しているのだ。

アメリカ国債もそうだが、国債の取引には厳しい制限が課せられる。国債の購入者は当局に報告義務があり、その売買も規制されている。ゆえに、先ほど説明したような額面1万円の国債券を作ったとしても「紙幣」のようには自由な取引で流通できない。できないよう法で縛っているのだ。

ここでアメリカドルである。

実はアメリカドル、この「国債券」に近いのだ。

アメリカ政府が通貨発行権を持たないことは、すでに述べた。そのため政府が「ドル」を得るにはまずアメリカ国債を発行する。それをＦＲＢ、通称「米連銀」に引き受けてもらい、そうして米連銀は、その額面分のドルを印刷して政府に渡す。通貨発行権は連邦議会にしか認められないという合衆国憲法の「法の穴」をかいくぐるために、そんなややこしいことをしているのだ。

それでも国債の金利をゼロにして、そのまま流通させてしまえば、事実上の政府発行紙幣となり、何も問題はなくなる。

ところが先にも説明したように国債の取引は法で厳しく制限している。当然、国債券であるドルも普通に流通させることができない。

そこで裏技、いや、とんでもないカラクリをＦＲＢはこしらえた。

それが「国債引換券」化である。アメリカ国債そのものではなく、引き替える権利を持った「借金札」にすることで流通させているのだ。

だからこそドルは紙幣を意味する「ＢＩＬＬ」ではなく、証書を意味する「ＮＯＴＥ」と明記しているのだ。

この結果、アメリカという国家は凄《すさ》まじいダメージを受けることになった。

考えてみてほしい。国債は国の借金だ。長期短期平均すれば、だいたい年率３パーセントの金利がつく。その引換券であるドル札は、この金利分、実質、目減りする。１ドルを１００円とすれば、１年後、１ドル札で引き替えできるのは、金利３パーセント分をさっ引いた「97円分」となる。翌年以降は複利計算でどんどん目減りしていく。その一方で国債を引き受けたＦＲＢ、米連銀は、アメリカ政府がドルを必要とすればするほど、放っておいても莫大な利益を貪《むさぼ》ることができる。アメリカ政府は通貨発行で莫大な利益を得るどころか、むしろ、国債引換券である「ドル」を使っているために金利分まで支払っているのだ。

これでは健全な国家運営をすることなど、何をどうしても不可能となる。事実、アメリカは財政赤字と貿易赤字という双子の赤字で事実上、破綻状態にある。国債引き替え券のドルを使った時点でアメリカという国家は破綻することが決まっていたのだ。

もっと言えば、アメリカドルは国際基軸通貨である。ドルの需要はアメリカ国内にとどまらず、世界中で取引される。当然、大量のドルが出回ることになる。

今やドルの流通量は兆の上の単位である京《けい》に達している。そのドルすべてがアメリカ国債の裏書きがついているわけで、最終的にはアメリカ政府が保証しなくてはならないのだ。当たり前だが、世界中で取引されるドルの価値をアメリカ一国で担保できるはずはない。事実、2017年時点での世界経済に占めるアメリカ経済の割合は、もはや16パーセントにすぎない。

今の「ドルシステム」が、いかに狂っているのかが理解できよう。

ドルの弊害はそれだけではない。

世界唯一の国際基軸通貨になったことでアメリカ政府は、まともな経済政策が取れなくなっているからである。

通常、その国の通貨は国力に応じて信用度、価値が上下する。強い国の通貨は強くなり、国力が弱まれば通貨もまた価値を下げていく。

ところがアメリカは、この「常識」が当てはまらなくなっている。アメリカ経済が失速しようが、国民が貧しくなろうが、国際的なドル需要が高まればドルは高騰《こうとう》するからである。典型的な例で言えば戦争がある。これまで中東で戦争が起きればアメリカ経済とは無関係にドル高になってきた。通常ならば経済が失速すればドル安となる。通貨が安くなれば、アメリカ産業に輸出ドライブがかかり、また相対的に物価が下がることで海外の観光客も呼び込める。とくにアメリカは国内で食糧と資源、エネルギーがまかなえるために輸入品の高騰も最小限で収まる。アメリカ経済とドルの価値がきちんとリンクしていれば、基本的にアメリカ経済がここまで崩壊することはなかっただろう。

そのありえないことが起こっているのは、ドルがアメリカの通貨でありながらアメリカ経済とリンクしていないのが理由であろう。

これも本当におかしな話なのだ。本来、自国通貨が国際的な信用を得て基軸通貨になることは非常にメリットがある。通貨は作れば作るほど儲かる。とはいえ作りすぎれば需要と供給の原則で価値が下がる。基軸通貨になれば国際間の取引需要が増える。その分、国家は儲かる。国内経済と通貨価値がリンクしないデメリットを補ってあまりあるメリットが生まれるはずなのだ。

ところが、アメリカ政府には通貨発行権がない。あるのは、アメリカ政府の借金札である。そんなものが国際取引でどんどん需要が高まれば、どうなるのか。名目上のアメリカの借金ばかりが増え続けてしまう。アメリカという国家とアメリカ市民の立場からすれば、現在の「ドル」が基軸通貨であることは、もはやデメリットしかないのである。

アメリカ・ファースト。それはアメリカ政府自身が「通貨」を発行することにほかならない。メリットがないどころか、デメリットしかない現在の「ドル」から離脱して、財務省が発行する新しい自国通貨を作る。アメリカの実体経済とリンクした国内通貨に戻す。建国以来、「アメリカ・ラスト」となってきた政府紙幣を得ることが、ドナルド・トランプが語ったアメリカ・ファーストの真意というのが理解できよう。

そのとき、世界はどうなるのか。何が起こるのか。

それを本書でたっぷりと語っていきたい。

第1章

変革に立ち上がったニュー・エイジ勢力

「ニュー・ワールド・オーダー」をぶち壊せ！

プロローグでトランプドルの可能性に言及した。

ドナルド・トランプが希代の大統領ゆえに新通貨発行の可能性が出てきた、そう主張したいわけではない。そもそもドルシステムはアメリカにとって不利益であり、とうの昔に廃止して政府紙幣へと切り替えてしかるべきであった。にもかかわらず、やりたくてもやれない「現状」にこそ問題があったのだ。

それが一転、新通貨発行の動きが出てきたのは、アメリカの政府紙幣発行を阻《はば》んできた要因が取り除かれたことを意味する。トランプ以外の大統領でも新通貨へと動いた可能性はある。

ドル支配体制が終わり、アメリカが新通貨を発行する。

この大きな流れは、今まさに世界規模の変革をもたらそうとしている。

――ニュー・エイジ、である。

日本語に訳せば「新時代」となろう。20世紀型の旧体制の世界秩序から21世紀にふさわしい新しい世界体制の構築が、いま本格的にスタートしたのだ。

そのシンボルとして登場したのがドナルド・トランプであり、その新体制から新通貨「トランプドル」は生まれてくるのである。

このトランプドルの持っている意味は大きい。

なぜなら、21世紀型新体制において「負け組」となるはずだったアメリカ、正確に言うならばアメリカ軍が主導するトランプ「軍事」政権は、むしろ、勝利者のひとりとして新体制構築の主導権を握りつつあるからである。まさかの大逆転が起こったようなのだ。

ここが実に興味深い。本当に、とんでもないことが、これから始まろうとしているのだ。

◆東西両文明の「結婚」

では、ニュー・エイジとは何か？

それを私は「新時代」構想と呼んでいる。正式な名称というわけではないが、新しい時代を作っていこうという共通の理念に賛同した諸勢力であり、もちろん、ドナルド・トランプも重要な役割を果たすキーパーソンとなる。いまや、世界の大半を占めている勢力なのだ。このニュー・エイジの目標は、人類の文明における初めての試みへの挑戦であると言っていい。

——東西文明の「共存」である。

西洋と東洋。これまで二つの文明は「対立」を繰り返してきた。それを共存へと進める。

ここで重要なのは、二つの文明を無理やり「一つ」にしようとは考えていないことだ。融合ではなく「融和」、わかりやすく「結婚」というほうが、しっくりこよう。

たとえば西洋人と東洋人が「結婚」することとなった。そんなイメージで考えてほしい。それぞれの実家に相当するのが「西洋文明」と「東洋文明」だ。価値観や文化、思想がもともと大きく違っている。家風が違う両家が結婚するのだから、なかなか大変なことになる。双方の実家は、もちろん、新家庭にあれこれと注文をつける。そのうち実家同士で壮絶な話し合い、いや、ケンカだって起きよう。「この件については、そちらが譲れ、そうしたら、こちらについては、こっちが折れる」といった案配《あんばい》だ。結婚する当人だって意見を持っていよう。同じ文明圏にいる日本人同士でさえ、結婚するときには、あれこれと大変なのだ。それを東西二つの文明を「結婚」させようというのだ。これで揉《も》め事やトラブルが起こらないほうがおかしい。

21世紀、とくに、2010年以降、突如、世界中であらゆる事件や騒動が頻発《ひんぱつ》したのは、この東西両文明の「結婚」という巨大な歴史的な大転換が原因なのだ。とくに、この「結婚」自体を反対して邪魔をしようとしている勢力まであった。それで、まず結婚を反対する勢力の説得を行う必要がある。そのうえで「結婚」自体の合意へと続く。

その意味でドナルド・トランプのアメリカ大統領就任は、この両文明の「婚約」というか、西洋文明側からの許諾《きょだく》というのが実態に近い。西洋文明側で猛烈に反対していた「親戚《しんせき》」たちを説得しましたよ、という合図であったからだ。

逆に言えば、いま、西洋側は、結婚に向けて前のめりになっている。ゆえに、「結婚生活」に、あれこれと注文をつけるようになった。具体的な条件闘争に入ったのだ。

それが傍目《はため》には東洋文明側、つまり、中国とアメリカが激しく「対立」しているように見える。だが、それは婚約破棄に至るような対立ではない。ここを見誤るから現在の国際情勢を理解できなくなるのである。

むしろ、ここで、きちんと揉めておかないと、あとで「家庭内不和」へとつながって下手をすれば離婚問題にまで発展する。それを見越して徹底的にトラブルになりそうな事案をあぶり出し、話し合わなければならない。傍から見れば、すごいケンカをしているように見えるだけの話であり、それだけ「真剣」になっているのである。

◆「ニュー・エイジ」は新文明の母体

東西両文明の「融和」（結婚）。

まさに歴史的大転換であろう。東西文明の交流は、古代ローマと古代中国の唐王朝まで遡《さかのぼ》る。そう、シルクロードである。中国が現在、進めている「一帯一路《いったいいちろ》」構想は、第二のシルクロードと呼ばれている。もともと中国は、この「結婚」に賛成であることが、そこからも読み取れる。

古代シルクロードを通じた交流は、「距離」の問題もあり、深刻な対立は生み出さなかった。裏返せば対立に発展するほど交流自体がなかったのだ。

しかし文明の発展で「東西貿易」の時代が到来する。近世まで東西貿易は東側の物品を西側が金銀などの貴金属で支払う関係にあった。ようするに西洋側の圧倒的な貿易赤字の結果、西洋側は東洋の金《きん》を奪おうと考えるようになった。また、フン族やモンゴル帝国の侵入などで西洋側に「黄禍論《おうか》」が根づくことになる。

そして17世紀以降、科学技術の発展を成し遂げた西洋は、東洋への支配に乗り出してくる。とくに蒸気機関などのエネルギー革命以降、欧米列強は一方的に自分たちの「ルール」を東洋に押しつけてきた。自分たちで作った国際法を「正義」とし、それを守らない東洋は「未開」として支配の根拠としてきた。それが欧米列強による帝国主義である。東洋文明は、その支配下に組み込まれ、収奪される側へと転落していく。

とくに20世紀、戦後の時代になると、グローバリズムの名の下に、東洋文明は徹底的に否定されていき、西洋文明による「吸収」へと進んでいった。

そして21世紀。ＢＲＩＣＳが台頭、中国の躍進が始まる。吸収合併へと向かう東洋文明の復権をかけてアジアが立ち上がったのである。

当然、東洋側が求めてきたのは、自分たちの文明を守ることだ。逆に西洋文明を吸収したいとも考えていなかった。それぞれ、違う「素晴らしい」文明があって、価値観や文化、思想が違うから面白いのだ。それを踏まえて「仲良く」やっていこう。

そのためにどうするか――。

対立してきた両陣営が「和解」するとき、古今東西、最も利用してきた方法がある。

そう、「婚姻」である。ただし、一方的な降伏と恭順《きょうじゅん》にならないよう「対等」に配慮する必要が出てくる。繰り返すが、それで両陣営は揉めているのだ。

だが、婚姻の目標は、それぞれの文明が、その文明を継承しながら全体の枠組みでは融和していくこと。その結果として自然と新しい文明も生まれてこよう。夫婦に子どもが恵まれるように、文明同士でも同じことが起こるのだ。

ニュー・エイジ（新時代）は、「NEW　CIVILIZATION」（新文明）の母体となる。これほど、すごい話が、今現在、加速度的に進んでいるのである。

その意味で西洋側が、その代表にドナルド・トランプを選んだのは意味深《しん》だろう。トランプは有能な経営者である。しかも企業買収で成功した経営者なのだ。

トランプからすれば、この東西融和もまた、ある意味、企業合併に近いと判断していよう。企業文化の違う「対等合併」は、非常にナーバスな問題をはらむ。実際、日本でも第一勧業銀行（現みずほ銀行）は、もともと第一銀行と勧業銀行が対等合併した銀行だった。そのため長らく社長は、それぞれの出身銀行で持ち回り。人事部も旧第一、旧勧業を扱うために二つあったぐらいなのだ。

その意味でドナルド・トランプを起用したのは慧眼《けいがん》というべきだろう。

◆戦後の世界史はニュー・ワールド陣営による妨害の歴史

考えてみれば、新時代による新文明への歩みは、20世紀半ば、「戦後」から始まっていてしかるべきであった。この時期から準備は整っていたからである。

戦後を科学技術の視点で見れば、戦争を通じて戦前から次のステージへと移行したことに気づくだろう。戦前が「大量移動」と「長距離移動」の技術段階とすれば、戦後は、自動車と飛行機の登場によってそこに「高速移動」が加わった。さらに情報通信でもテレビメディアが登場し、大衆に大量の情報を瞬時に伝えることが可能となっている。つまり、高速移動と大量発信が可能となれば、十分、東西両文明の「融和」へと進んで行けたはずなのだ。

それができなかったのは理由がある。

それを「望まなかった」勢力が存在したからである。

――ニュー・ワールド陣営、である。

俗に言う「ニュー・ワールド・オーダー」（新世界秩序）のことだが、わかりやすく言えば「特権階級」である。

特権階級の特権とは、ごく少数のエリートによる大多数の支配のことだ。自分たちだけが特別であり、それ以外は「奴隷」と一緒。支配する側とされる側に分かれて、そのピラミッドの頂点に位置した人間だけが「神に選ばれし存在」となる。

ようするにニュー・ワールド勢は「ファシズム独裁」陣営なのである。

これらニュー・ワールド勢は、18世紀、西洋文明が生み出した覇権国家に巣くい、自分たちの「思想」をもとに世界をデザインしはじめた。そして二度にわたる世界大戦を通じてニュー・ワールド勢は世界の支配権を得てきた。

ニュー・ワールド勢にすれば、西洋側が一方的に東洋側を支配管理するのは都合がいい。だから融和など考えもしなかったし、そうならないよう邪魔をしてきたのだ。

ニュー・ワールド勢がどれほど世界の「富」を独占してきたのか。

昨今、こんな言い方がなされている。

「1パーセントの人間が世界の富の99パーセントを支配している」、と。この言葉は間違っていないが、実は正しくない。たしかに、この1パーセントの超富裕層は存在する。しかし、その超富裕層もまた、ごく少数の「神に選ばれし存在」から「支配」される側なのだ。

いったい、どういうことか。全人類70億人をベースにすれば、その割合はこうなる。驚かないで聞いてほしい。

——0・0000001%。

つまり、1000万人に1人の超々富裕層が、いわば70億人人類を、わずか700人足らずで支配し、その富を独占してきたのである。

「この8人の大金持ちは、世界人口の半分と同等の資産を持っている」
(The Huffington Post 執筆者：Chitose Wada 投稿日：2017年1月16日 14時5分 JST 更新：2017年1月16日 16時30分 JST)

貧困撲滅に取り組む国際NGO「オックスファム」は1月15日、世界で最も裕福な8人が保有する資産は、世界の人口のうち経済的に恵まれない下から半分にあたる約36億人が保有する資産とほぼ同じだったとする報告書を発表した。トップ10の大企業の収益の合計は、下位180の貧しい国々の収益以上だという。

報告書は「99%のための経済」というタイトルで、17日から始まる世界経済フォーラム（WEF：通称ダボス会議）に先駆けて発表された。経済誌フォーブスの長者番付や、スイスの金融大手クレディ・スイスの資産動向データを元に調査が行われた。

フォーブスの長者番付によると、上位8人の億万長者は以下の面々だ。

1位：ビル・ゲイツ（マイクロソフト社創業者）
2位：アマンシオ・オルテガ（スペインの実業家。ZARA創業者）
3位：ウォーレン・バフェット（投資家）
4位：カルロス・スリム・ヘル（メキシコの実業家。中南米最大の携帯電話会社アメリカ・モビルを所有）
5位：ジェフ・ベゾス（Amazon.com創業者）
6位：マーク・ザッカーバーグ（Facebook創業者）
7位：ラリー・エリソン（オラクル創業者）
8位：マイケル・ブルームバーグ（前ニューヨーク市長）

報告書によると、上位8人の資産は合計で4・26兆ドルで、全人類の下位半分の資産に匹敵する。プレスリリースは、報告書について「大企業と超富裕層が税金を逃れ、賃金を下げ、政権に影響を与えることによって、いかに格差の広がりに拍車をかけているかを詳述している」と解説した。

(http://www.huffingtonpost.jp/2017/01/15/eight-men-own-half-the-worlds-wealth_n_14194250.html)

記事に登場する「8人の大富豪」たちは、「世界を支配する700人」ではない。先に説明したように彼らの資産を実質、管理している存在が別にいるからである。彼らは、その資産を運用する「執事」というケースが多いのだ。

その意味で世界の富の99パーセントを支配する「1パーセントの富裕層」にせよ、その立場は1000万人に1人の超々富裕層（0・0000001%）たちから政治や経済において一部の実務を任された担当者にすぎない。超々富裕層からすれば、いくらでも替えのきく存在にすぎず、エリート階層であっても「神に選ばれた一族」ではないのだ。

それにしても呆《あき》れるような話であろう。

わずか700人、「グレート・セブン・ハンドレッド」（これは個人かつ家族、一族を意味している）が、世界の政治経済を支配している特別な富裕層1パーセントを手なずけておくことで、世界の富の99パーセントを独占している。

これが「ニュー・ワールド・オーダー」（新世界秩序）がもたらした、これまでの「世界」の実相であった。

そして、このニュー・ワールド勢力を糾《ただ》して、新しい世界システムを作り、新時代を築こうとしてきたのが「ニュー・エイジ」なのである。

◆世界を支配する700人

このニュー・ワールド勢が、一般的に「見えにくい」のは、必ずしも一枚岩ではないからである。悪の勢力と敵対すれば、その勢力は「正義の味方」に見えやすい。しかし暴力団同士が抗争したからといって、どちらが「正義」なのかは関係ない。どちらも悪であるように、ニュー・ワールド勢もまた、人類にとって害悪なのである。

金持ちケンカせず、というが、ニュー・ワールド勢に、この言葉は通用しない。これだけの特権的地位なのである。当然、その地位と、世界をどのように支配するかをめぐって激しく争う。ただし、利害が一致すれば、対立する勢力でも平然と共闘する。同様に自分たちに敵対する勢力にも共同で対処する。

この「偉大な700人」だけが「同格」であって、それ以外は奴隷であり、自分たちだけがその奴隷を管理する実務者という価値観なのだ。ある意味、主導権を争うこと自体、相手を認めているわけで、対等ではない相手に対しては、容赦なく共同で潰すわけだ。

このニュー・ワールド勢は、その出自などで、二つのグループに分かれている。アメリカ勢とヨーロッパ勢の二大勢力である。

この二大陣営が21世紀となって「ニュー・ワールド・オーダー」（新世界秩序）の在り方をめぐって激しく争うわけだが、その具体的な内容は後述するので、ここではアメリカ勢がブッシュ家を中心に「テロ戦争派」として「全世界の9割を虐殺する」計画を立て、ヨーロッパ勢が「温暖化派」として、「CO^2を税金化する」方針を打ち出し、なおかつ9割の人類は断種するなり、マイクロチップを埋め込んで洗脳、完全に家畜化する計画を立てた。

人類は殺すべきか、家畜にするべきか。

その主導権争いとなったのが、やはり、アメリカ大統領選だった。

21世紀最初の大統領となるべく2000年の「ミレニアム」に、ジョージ・W・ブッシュと、アル・ゴアが激突した。

この大統領選は、共和党と民主党の戦いではない。アメリカの「テロ戦争派」を率いるブッシュ家の次期党首であるベイビーブッシュと、ヨーロッパ陣営の支援を受けたアル・ゴアという「テロ戦争派」vs「温暖化派」の対決だったのである。

選挙自体は、本来なら、アル・ゴア、つまり、ヨーロッパ陣営の勝利だった。

ところが「テロ戦争派」は、ここで得意の軍事力と暗殺という恐喝《きょうかつ》を行うことで、この選挙結果を否定した。

この結果を認めなければ、暗殺する――。２０００年12月12日、こうして明らかな不正選挙とわかっていながらアメリカ合衆国最高裁判所は「不正選挙」を容認する。いわば力ずくで勝利をもぎ取ったブッシュ家の「テロ戦争派」がアメリカを乗っ取ったわけだ。

その結果、世界は破滅へと突き進むことになる。これについては後述する。

いずれにせよ、この２０００年のアメリカ大統領選挙は、アメリカとヨーロッパというニュー・ワールド二大陣営の戦いであって、どちらが勝とうが、その勝利はニュー・ワールド勢のものであったのだ。

だが、その16年後の２０１６年の大統領選は違っていた。文字通り、ニュー・エイジ勢とニュー・ワールド勢の激突であった。この視点が重要なのである。

◆ニュー・エイジ陣営 vs ニュー・ワールド陣営

ニュー・ワールド陣営は、何をしてきたのか。どうして、ここまで強固な支配体制を築くことができたのか。それを理解するには、この1世紀のニュー・ワールド勢、このファシスト独裁陣営について詳しく見ていく必要がある。

ニュー・ワールド陣営は、本来、進むべき「東西の融和」ではなく世界をファシスト独裁によって管理する方向へと歪《ゆが》めてきた。

そのツール（道具）となってきたのが、「FRB」と「(株) USA」であった。

プロローグで説明したように、ドルの発行益はアメリカ政府ではなく、FRB＝米連銀が牛耳《ぎゅうじ》っており、ドルをアメリカ国債引換券にすることで利益を吸い上げてきた。

国際基軸通貨のドルは世界規模で取引に使用される。その都度、「税金」のようにこっそりと中抜きをする。刷れば刷るほど、使えば使うほどドル発行の利権者たちは労せずに儲かる。ドルシステムとは、世界の富をごく少数で独占するシステムであったのだ。

さらに「(株) USA」とは、このシステムは後で説明するが、ようするに超大国アメリカを支配することで、このアメリカに実質的な世界支配を任せる、いわば植民地経営企業として利用してきたのだ。

かつて欧米覇権国家はアジアやアフリカの植民地を「東インド会社」のような植民地経営企業に任せてきた。

いわばニュー・ワールド勢は、巨大な軍事力を持つアメリカという国家自体を植民地経営企業化することで世界全体を「植民地」化して効率よく収奪してきた。

その意味でドルとは、植民地経営企業「(株) USA」の社債みたいなものだ。世界中の

「植民地」に社債を買い取らせて、社債の発行利益と社債の売却益という二重の利益を得ることで富を奪い取ってきた。

実に効率よく確実な支配システムであり、収奪システムと言いたくなろう。

だからこそ、たった「７００人」（０・００００００１％）で世界の富の99パーセントを奪い取ることができたのである。

ニュー・ワールド勢が、「世界」をどう歪めていったのか。次章、20世紀の歴史を振り返るとしよう。

第2章

アメリカ「分裂と内戦」の歴史的真相

妨害されていた東西融和の道

◆ドル支配システムを支えたアジアの王族の金《きん》

これまでの「世界」は、ニュー・ワールド勢によって支配されてきた。

この支配システムが非常に優れていたからこそ99パーセントの世界の富が、わずか1パーセントの人間によって収奪されてしまったのだ。これほどの格差が生じたのは、人類の歴史上初めてのことだろう。その意味でドル支配システムは、非常に優れた収奪システムである。いや、少数で富を効率よく独占することを目的に「制度設計」されたと見るべきなのだ。

そのシステムの基本となってきたのが「ドル」である。ゆえに本書のタイトルとなっている「トランプドル」は衝撃的なのだ。

プロローグでも述べたように、ドルの発行はＦＲＢ（連邦準備制度理事会）が行う。このＦＲＢがアメリカ各地に散らばる連邦準備銀行を統括しており、この各連邦準備銀行の株主は欧米の金融機関、銀行集団である。つまり、その銀行のオーナー、株主たちが受益者となる。

支配階層が世界を支配するシステムとして「ドル」を作り、そうして世界中の富を牛耳《ぎゅうじ》ってきた。これが20世紀型の世界秩序の基本となってきたわけだ。

ドル支配システムは、第2次世界大戦の戦勝国で決めた三つの体制から生まれる。

1941年8月、大西洋上でアメリカ大統領フランクリン・ルーズベルトとイギリス首相チャーチルの会談で、まず戦後体制として自由貿易拡大が決まる。次に1944年、ドルを世界唯一の国際通貨とするブレトンウッズ体制、最後に米ソで世界を分割するヤルタ会談(1945年)によってドル支配システムは完成した。

ドルを基軸通貨にして世界貿易を拡大する。そのドルはFRBを通じて「13家族」を筆頭とした寡頭資本家たちで管理する。これが20世紀型の世界秩序なのである。

大戦終了時、戦火を受けず、生産を拡大し続けたアメリカは世界経済の5割まで達していた。さらに戦争を通じてアメリカには大量の金(ゴールド)が流れ込んだ。当時のドルは金との兌換《だかん》紙幣である。ドルを国際基軸通貨にするのは当然となる。

ところが、このドル支配システムは、わずか25年で崩壊の危機を迎える。

当たり前であろう。もともとドルは富の搾取《さくしゅ》を目的に作られている。国際貿易が拡大してドル需要が高まれば高まるほどアメリカへの負債となる。その負債は、当然、金庫にうずたかく積まれていた金(ゴールド)で支払うことになる。気がつけば空っぽとなってしまっていた。

これに激怒したのが、その金を拠出してきたアジアの王族たちである。

近世までのアジアとヨーロッパの貿易は、ヨーロッパ各国がアジアの物産を求め、金や銀で支払ってきた。香辛料など金と同じ重さで取り引きされてきたぐらいだ。インドや中国などアジアの多くは主要通貨に銀を使ってきた。貿易で得た金は王族たちが装飾品や私的な財産として保有してきた。とりわけ香辛料の豊富だったインドネシアやフィリピンの「スパイスアイランド」の領主たちは、隠れた金保有者となる。金の埋蔵金話でインドネシアやフィリピンの地名が出るのは、それが理由なのだ。

もちろんインドやアジアの歴代王朝の王族や支配階層の一族たちも大量の金を持っている。植民地時代、王朝が崩壊しても国家とは別に一族で金を隠して持ってきたからだ。

第2次世界大戦中、アジアの王族たちはアメリカに大量の金を拠出する。旧日本軍に占領される恐れのあったアジアの王族たちは、「安全に財産を管理しましょう」というアメリカ政府の勧めもあって、金を拠出して「高額アメリカ国債」に替えてきた。この話は「9・11」にもつながってくる歴史の闇と言っていい。

もう一つ、アジアの王族で重要なのは、中国、つまり、現在の中華人民共和国の設立に多く関わっている点であろう。国民党と共産党が争ったとき、一般的には軍を掌握している国民党が有利と思われていた。それが一転して共産党の勝利になったのは、この王族たちが「広大な人口を抱える中国をまとめるには社会主義がいい」と判断、協力したからなのだ。実は中国の軍事組織は「軍閥」であり、中央のコントロールがききにくい。その軍閥に影響力を持っているのが、それぞれのエリアを統治してきた王族なのだ。それで軍閥は、国民党から離反し、共産党を支持した結果、中華人民共和国が誕生した。

表は共産党、裏にはアジアの王族、それが中国の隠された体制なのである。

このアジアの王族たちは、20世紀のアジアとアフリカが「戦争の世紀」と呼ばれるほど欧米覇権国家と日本の帝国主義によって荒れ果てたことを憂《うれ》えており、戦勝国のリーダーとなったアメリカに「平和な時代を作ってほしい」と金《きん》を拠出する。そんな「隠された歴史」があったからこそアメリカに大量の金が集まったのだ。

戦後を平和な時代にする。アジア、アフリカの植民地を解放して、荒れ果てた国土を復興してほしい、そのための資金として膨大な金を拠出したわけだ。

それが本来のマーシャルプランであった。

ところがアメリカは、このマーシャルプランを歪《ゆが》めてしまう。ヨーロッパと日本の復興のみを行うと、独立したアジア、アフリカは「金《きん》がない」といって無視。それどころか、独立したアジア、アフリカ諸国を経済的植民地にして支配を続けてきたのが実情だろう。

約束を反故《ほご》にされ、大切な金を騙《だま》し取られた。

この行為に激怒したアジアの王族たちは、その原因が「ドル支配システム」にあると理解し、新たな金融システムの立ち上げを呼びかけることになる。

この呼びかけに応じたのがＪＦＫこと、ジョン・Ｆ・ケネディ大統領だった。

――「グリーン・ヒルトン・メモリアル」秘密協定である。

◆潰された「ケネディドル」

この「グリーン・ヒルトン・メモリアル」については私自身、この目で確認した「歴史的事実」である。２０１２年前後、私はＣＩＡ関係者から、ある極秘文書を見せてもらった。文書のタイトルは「Green Hilton Memorial Building, Geneva（グリーン・ヒルトン・メモリアル・ビルディング、ジュネーブ）」とあった。

一見すれば味気ない体裁の文書だったが、その中身は衝撃的だった。アメリカのジョン・Ｆ・ケネディ大統領とインドネシアのスカルノ大統領が条約に調印した直筆のサインがあったからである。

この「グリーン・ヒルトン・メモリアル」は、アジア、アフリカの復興を蔑《ないがし》ろにしたマーシャルプランに代わる「第2のマーシャルプラン」計画と言っていい。

東西冷戦において両陣営に参加しなかった「非同盟諸国」の国や地域を中心に世界１６７カ国の間で締結された条約で、これに調印した国々からそれぞれ「富」を募《つの》り、それを担保

「ケネディドル」を担保するはずだった秘密協定
「グリーン・ヒルトン・メモリアル」条約の契約書

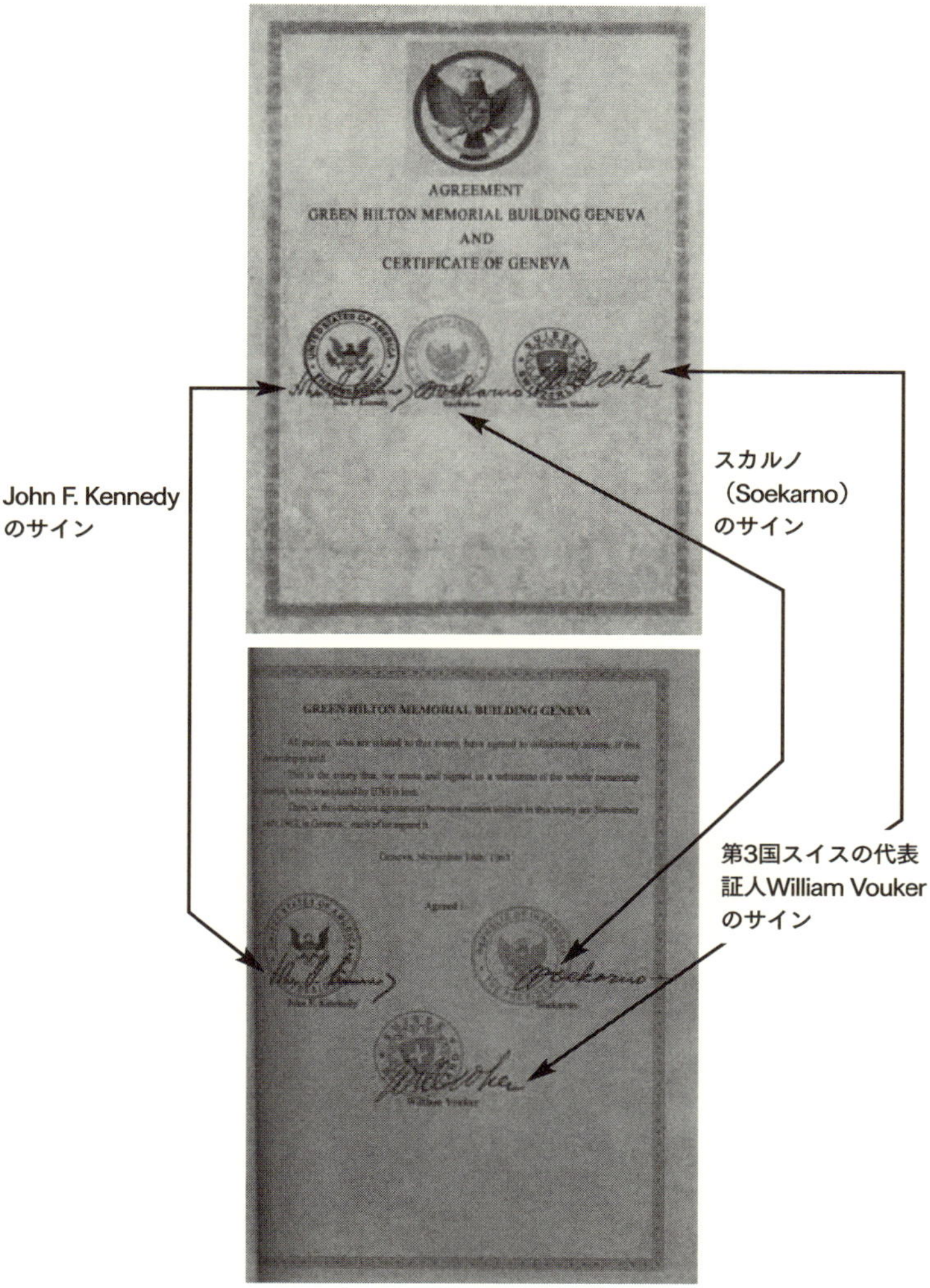

に独自の金融システムから貨幣を発行、戦後に果たされることのなかったアジア・アフリカの復興・発展計画に充《あ》てていくという計画である。

その条約加盟国には、世界の富の85パーセントに相当する資産があった。そこから金を含めた「14万トン」という貴金属を、とりあえず集めた。それを管理したのがインドネシア大統領スカルノ（在任1945－1967）であった。先にも述べたように、インドネシアには香辛料貿易を通じて莫大《ばくだい》な金を保有する一族が存在する。スカルノもその一族のひとりで、自らも大量の金を供出したことで「グリーン・ヒルトン・メモリアル」の管理を任されることになったのだろう。

1962年、スカルノの呼びかけに応じたケネディ大統領は、すぐさま、この協定に調印する。その際、ケネディは条約加盟国に対して、「冷戦」を終わらせて人類の発展や宇宙開発にアメリカの国力を注いでいくと約束したという。

ケネディもまた、自国の通貨である「ドル」がFRBに奪われ、通貨発行益どころか、金利を払うという二重損の状態が続けば、近い将来、アメリカが破綻《はたん》すると考えていた。それを打開するには、政府紙幣発行、つまり、アメリカ政府による通貨発行しかない。いうなれば「ケネディドル」である。その財源として大量の金を含めた14万トンの財貨を得られれば、「ケネディドル」は十分、実現可能となる。

暗殺される直前の第35代大統領
ジョン・F・ケネディ
第45代大統領トランプは大丈夫か？
（1963年11月22日、テキサス州ダラス）

その証拠に秘密協定に調印した翌1963年、ケネディ大統領は「大統領令11110」を発令する。この大統領令の内容は、「財務長官が3億ドルを限度に合衆国紙幣を発行することができる」というもの。そのものずばり、「ケネディドル令」なのだ。

これは推察となるが、3億ドルと少額なのはテストケースだったためであろう。上手《うま》くいけば、3億ドルどころか、100億ドル、1000億ドル単位で通貨を発行、スカルノとの約束通り、冷戦というヤルタ体制に終止符を打ち、ドルを国際基軸通貨とするブレトンウッズ体制も終わらせるつもりだっただろう。

まさに現在のトランプが計画していることを50年前に実現しようとしたのだ。

その結果は、もはや、いうまでもなかろう。この大統領令からわずか半年後、ケネディ大統領はダラスで暗殺される。スカルノ大統領もまた、「謎のクーデター」で1965年から1967年にかけて失脚していった。そしてスカルノがケネディに託した膨大な量の金もまた、いずこへと消えてしまうのだ。

かくしてケネディ暗殺後、暫定《ざんてい》で大統領となったジョンソンを経て共和党出身の大統領となったニクソンによってドルは金兌換を廃止する。

金庫の金（ゴールド）が空っぽになったからである。

◆財政赤字でドル発行利権者たちが潤う歪《いびつ》なアメリカ経済

ケネディ大統領が冷戦、いわばヤルタ体制とドル離脱をはかったのは、アメリカ大統領として当然のことだった。

ケネディ在任中の1960年代は、まだアメリカは財政的には余裕があった。だが、早晩、それが崩壊するであろうことは、簡単に予測がつく。

その一つが膨張したアメリカ軍である。

第2次大戦前、アメリカは「世界の工場」として空前の繁栄を謳歌《おうか》していた。国内には豊富な資源があり、国民は働き者で教育も行き届き、企業や大学は研究開発にも熱心。世界で最も優れた商品を安価に大量生産するのだ。世界中にアメリカ製品が溢《あふ》れていた。

ところが第2次世界大戦に参戦した結果、アメリカは「世界の工場」を捨て「世界の兵器工場」へと代わる。ヨーロッパではナチスドイツ相手に戦争をし、太平洋では日本軍と戦う。さらに盟友のイギリスを筆頭に連合国側のソ連や中国にも大量の軍需物資を提供し続けた。

戦争前、専業の軍需メーカーが1社もなかったことを誇りにしてきたアメリカ企業の多くが、いつのまにか兵器会社になってしまったのだ。

もちろん軍もナチスと日本を相手にしたことで急拡大する。戦争終了時には、世界中の兵器の9割を生産、軍隊規模も世界中の軍隊を合わせたよりも大きくなる。いくら世界経済の5割の規模をもっていたとしても過剰な規模と言っていい。

普通ならば戦争が終わった時点で兵器を生産していた工場は民生に戻して、軍も平時体制になることで自然と軍縮に向かう。

ところがアメリカの軍事体制は戦後も継続してしまった。ヤルタ体制によって冷戦が始まったからである。こうして軍も軍需生産も縮小するどころか、むしろ拡大の一途を辿《たど》っていくことになったのだ。

軍も兵器も基本的に金食い虫であり、経済活動には寄与しない。いくら世界経済の5割のシェアを占めるといっても財政負担が重くのしかかる。

その経済も戦後、大きく失速する。

これも当たり前の話なのだ。戦争中、まともな経済活動を行えた先進国は、国土に戦火が及ばず、国内に資源が豊富にあったアメリカぐらいだった。先のマーシャルプランでヨーロッパと日本が復興すれば、世界経済に占めるアメリカの経済力は下がっていく。それでも貿易が拡大し、世界経済が大きくなれば経済は発展する。

ところが冷戦の勃発でアメリカの企業群は「世界の工場」に戻ることなく「世界の兵器工

場」を続けた。アメリカは大量消費国だ。アメリカ国民に必要な商品をアメリカ企業が作らなくなれば、当然、輸入に頼ることになる。

アメリカに代わって「アメリカの工場」となったのが日本とドイツだった。世界市場と資源を求めて戦争までした日本とドイツは敗戦国になることで世界市場を手に入れたわけで、歴史の皮肉とも言うべきだろう。しかし、日本とドイツは敗戦国ゆえ、その利権はニュー・ワールド勢の支配下にある。その意味でも都合が良かったのだろう。

ともあれ、自国の必需品を外国に頼って輸入を増やせば、貿易収支は悪化する。巨大な軍と兵器生産で財政が悪化し、輸入国となって貿易赤字が重なれば、どんなに黒字を溜め込んでいようが、早晩、貯金は尽きることになる。

軍を縮小し、兵器生産を減らして民生に切り替えていけば、すぐに再建する話なのだが、ここで問題となるのが「ドル支配システム」だ。財政赤字も貿易赤字もアメリカの赤字が増えれば増えるほど国債発行が増えてドル発行の利権者たちを潤《うるお》す。ある意味、アメリカの赤字はドル発行の利権者たちの利益となるのだ。ゆえに歯止めがかからず、反対に赤字が増える方向へと推《お》し進めていく。

ケネディが大統領に就任した時期、このからくりが見え始めていた。だからこそケネディは冷戦終結とドル離脱を成し遂げようとし、成し遂げられては困るゆえに暗殺されたのだ。

◆ナチス派パパブッシュの登場

わずか25年で大量の金《きん》を使い切ったアメリカは、1971年、「ニクソンショック」でドルと金の交換を廃止する。

しかし金の裏づけがなくなればドルの信用が落ち、大暴落の危機となる。ドルを唯一の国際基軸通貨とするブレトンウッズ体制が揺らぐことになった。

そこでドルの利権者たちは、ドルの価値を維持するために次の一手を打つ。ドルの石油交換券化である。金の代わりに石油で裏づけを図《はか》ったわけだ。

まず石油取引には「ドル」以外の通貨を使えなくする。そのうえで産油国が集中する中東で戦争を頻発させて石油価格を高騰《こうとう》させる。こうして暴落寸前だったドルは石油価格の上昇で相殺《そうさい》し、価値を維持した。

ここで暗躍したのが「ヤルタ体制」であろう。産油国に「共産主義ゲリラ」がクーデターを仕掛ける。それを巨大なアメリカ軍が守る。この構図があれば西側諸国は石油取引に「ドル」を使わざるを得ない。ニクソンショックが金兌換停止と石油危機とにリンクしているのは、最初から仕組まれていたからなのだ。

だが、石油でドルの価値を維持したところで、ドルを使えばアメリカの赤字が増える構造である以上、しょせんは問題の先送りに過ぎない。

1980年代に入ると、アメリカ経済は深刻なレベルまで落ち込んでいく。ドルが名目上、アメリカの通貨である以上、アメリカ経済の裏づけがなくなれば、ドルは暴落する。

ドル支配システムが二度目の危機に陥《おちい》ったことを受け、ニュー・ワールド勢は、その延命のためにソ連と日本を生け贄《にえ》にする。

彼らは、1989年、急遽《きゅうきょ》、ソ連を解体。ソ連領内にあった有望なエネルギー資源を根こそぎ差し押さえた。その手口は別章で詳しく述べる。さらに「第二のソ連」としてEU（ヨーロッパ連合）構想を加速させ、旧東側諸国をEUの新たな経済植民地にした。

そして日本に対しては、パパブッシュが前任のレーガン政権時代の1985年のプラザ合意でバブル経済を仕掛ける。落ち込んだアメリカをバブル景気で高値で買い支えさせたあとで、バブル崩壊で日本の富を安値で買いたたいた。合法的に日本の富を奪っていったのだ。

ソ連と日本をドルの価値維持に利用したところで、何度も言うが焼け石に水。ほんのわずかな延命にしかならない。

さすがにドル発行の利権者たちもドル支配システムは限界と考え、「21世紀型の新秩序」を求めるようになる。

実際、ブレトンウッズ体制は50年間という取り決めがあった。その満期となる1994年、再更新はされなかったのが、その証拠だろう。

この時期に台頭したのがパパブッシュである。ナチス派の頭目であるパパブッシュは、ある提案をする。

それが「人工ハルマゲドン計画」。ついに狂気の計画が動きだす。

◆パパブッシュの「人工ハルマゲドン計画」

彼らが決めつけた〝劣等人種〟63億人を間引いて、美しい地球を取り戻す。あるいは、このパパブッシュの計画に対抗して「温暖化派」と呼ばれるヨーロッパ勢力が「劣等人種を殺すのではなく彼らにマイクロチップを埋め込んで洗脳し、そのうえで断種をして家畜にすればいい」という別のプランを提唱するが、いずれにせよ、狂気の計画と言っていい。

このとき、彼らは冷静ではなかった。結果、一時的ではあるが、ナチス派の頭目であるパパブッシュがニュー・ワールド勢の中で指導的立場になっていく。

——9・11である。

人類63億人を間引くには、超大国アメリカを掌握する必要がある。そこでパパブッシュらナチス勢力は、アメリカ乗っ取りを敢行する。

2001年9月11日、あたかもイスラム過激派たちが旅客機を乗っ取ったように見せかけ、自作自演でニューヨークのWTC（ワールド・トレード・センタービル）を爆破、解体する。

こうしてナチス派はアメリカ中枢を完全制圧した。その証明となるのが愛国者法だろう。この法律がナチスドイツの行った国民統制とそっくり同じだったのは偶然ではない。このとき、アメリカは「ナチスアメリカ」となってしまったのだ。

ナチスアメリカは「テロとの戦い」を大義名分にアフガニスタン、さらにイラクへと侵攻を開始する。その目的は中東を舞台に全面核戦争を引き起こすためである。

さらに並行してHIVやSARS《サーズ》といったバイオ兵器も「病気」と称してばらまいている。これらのバイオ兵器を開発したナチスの科学者たちは、過去にも黒人種を断種化するHIVをばらまいたことがあったが、今度は黄色人種のみ感染するSARSをばらまいた。それ以外にも全世界規模で「子宮頸《けい》がんワクチン」を広めてきた。日本でも後遺症問題が出ている子宮頸がんワクチンだが、その実態は接種者を不妊化すると指摘されている。これも人工ハルマゲドン計画の一環なのだ。

この「ニュー・ワールド・オーダー」、人工ハルマゲドン計画は、荒唐《こうとう》無稽《むけい》すぎて、なかなか信じてもらえないことが多い。

それは「ナチス」をよく知らないのが原因であろう。

ナチスとは何か。

先にも述べたが、世界を裏から支配しているのが「99パーセントの富を独占する1000万人に1人の超々富裕層」であり、FRBを通じてドル発行の利権を握る者たちである。その「0・0000001％」の一翼として「ナチス勢力」が存在してきた。ブッシュ家である。

ナチスは優生学を信奉する。ナチスの思想はごく少数のエリート層が二級市民を指導するという権力者のメンタリティと相性がいいのだ。劣った人種を「人間ではなく家畜」と見なすナチスは、どんな残虐な行為も平然と行う。権力者にとって都合のいい「暴力装置」であり、ようするに権力者お抱えの「暴力団」であったのだ。

暴力団と言ったが、あながち間違いではない。事実、ナチスドイツの崩壊後、ナチス勢力はアメリカに本拠を移し、敗戦国の兵士たちを使って国際的犯罪組織を構築してきた。

ナチスドイツの残党は中南米へと逃がし、麻薬カルテルと反政府ゲリラにする。旧日本軍は満州から北朝鮮へと逃げ、そこで覚醒剤と武器密輸を行う。中国共産党に敗れた国民党の台湾は、旧日本軍と協力して東南アジアで「黄金の三角地帯」と呼ばれたドラッグ地帯の管理者になるといった案配《あんばい》だ。こうして世界中に配置した敗残兵や戦争犯罪者たちのヘッドクォーター（司令部）となったのがアメリカのブッシュ家なのである。私が何度もジョージ・H・W・ブッシュ（パパブッシュ）をマフィアのボスと呼んできたのは、それが理由である。

パパブッシュらナチス勢力はCIAを拠点に国際犯罪ネットワークを活用して世界中に戦火をまき散らし、資源を強奪し、ドラッグ、武器密輸、人身売買などの非合法活動で莫大な利益を上げてきた。そこで得たダーティマネーはタックスヘイブンで迂回《うかい》させ、ウォール街の投機マネーにする。この構図でニュー・ワールド勢に対する影響力を高めてきたのだ。

実際、9・11のどさくさに紛れて膨大な資金調達を行ったパパブッシュは、中近東にも、この犯罪ネットワークを張りめぐらせてきた。それが自称「イスラム過激派」たちで、その実態はパパブッシュの私兵、民間軍事会社（PMC）である。有名なものにはイラク戦争で暗躍したブラックウォーター（現アカデミ）がある。これも9・11のどさくさで得た資金で設立したナチス派の私兵集団と言っていい。ようするにイスラム過激派の実態は金で雇われた傭兵《ようへい》という「ならず者」たちなのだ。中東を舞台にした第3次世界大戦、全面核戦争の仕込みとして送り込まれた連中なのである。

その根拠地として、まずはアフガニスタンを占領、そこにケシ畑を作り、ヘロイン密造工場にする。そのドラッグの代金で傭兵を雇い、武器を渡す。この残党が現在のIS（イスラム国）となっているのだ。

いずれにせよ、そのナチス派の頭目がニュー・ワールド勢で指導的立場となり、超大国アメリカを手中に収めたのだ。2001年9月11日以降、世界がどれほど危機的な状況にあったのか、これで理解できるだろう。

◆株式会社USAの本拠地ワシントンD.C.の誕生

このナチス派が「ワシントンD.C.」を制圧してきたから「ナチスアメリカ」となっていたのだ。この根拠地はワシントンD.C.の国務省とCIA麻薬部門である。

アメリカ最大の闇は、ワシントンD.C.にある。アメリカという国家をアメリカ市民から奪い、ニュー・ワールド勢に都合のいい装置にするために作られた特区が「ワシントンD.C.」だからである。

アメリカは建国以来、各州の独立性が高かった。建前では各州を管理する連邦政府として「ワシントンD.C.」を作ったことになっている。それが大きな間違いだ。

1871年、ワシントンD.C.が成立した瞬間、アメリカは「アメリカ人の国家」であったアメリカ共和国から「(株)USA」になったと見るべきだろう。これでアメリカ全体を簡単に支配下における。大統領など、しょせん、雇われ経営者にすぎず、真のオーナーは、

「株式会社USA」の株主たちとなる。このシステムを作ったのは、いうまでもなくドル発行の利権者たちである。彼ら超々富裕層のために世界中の富を掻《か》き集める植民地経営企業、いうなれば「現代の東インド会社」というのがアメリカの実態なのである。本章で繰り返し述べてきた「ドル支配システム」は、植民地経営企業「(株)USA」とセットになっている。植民地経営企業だからこそ、巨大な軍事組織が必要となる。そこでヤルタ会談を悪用し、冷戦構造で巨大な軍事組織を維持する大義名分を得てきたのである。

このシステムを悪用してパパブッシュは9・11によってワシントンD.C.をクーデターで乗っ取ったのだ。

ナチス派のヘッドクォーター（司令部）が国務省である。国務省と名がついているが、アメリカの外交を扱う日本で言えば「外務省」に相当する。国務省は国益の名のもとに平時においてはCIAだけでなく軍の特殊部隊（SOCOM）を動かす権利を有している。外国における非合法な軍事活動をすべて管理しているのだ。戦争にならなければ軍を動かせない国防総省（ペンタゴン）より、はるかに軍事活動をしている。ある意味、ナチス派にとって都合がいい。それで人工ハルマゲドン計画の司令部となってきたわけだ。

◆「闇の支配者」の大分裂

とはいえ人工ハルマゲドン計画の遂行は、すぐに頓挫《とんざ》する。当たり前であろう。63億人を殺すという狂気の計画に、殺される側が黙っているはずはない。

何より失敗したのはイラク戦争であろう。大量破壊兵器があるといって無理やり侵攻しながら、そんなモノは一切なかった。これにアメリカ軍が激怒した。正義のために命を懸けて戦っていたはずが、「悪の軍隊」として世界中から批判されたからである。実はアメリカ軍はパパブッシュによる湾岸戦争時代から、アメリカにおけるナチス勢力の台頭に疑念を抱いていた。それがイラク戦争ではっきりした。これ以上は付き合いきれないと離反していく。

これに加えてヨーロッパ勢がアメリカのナチス派の失速で盛り返すことになる。温暖化派と呼ばれる「マイクロチップ埋め込みと断種をして人類を家畜化する」という別の計画を加速させていった。内部対立が激しくなっていくのだ。

ニュー・ワールド勢が分裂したこの隙《すき》を突いて立ち上がったのが、どちらの計画でも殺されるか、家畜化されることになる「ＢＲＩＣＳ」である。２０００年代に入り、経済力を増したＢＲＩＣＳは「対ナチス」で同盟を結び、人工ハルマゲドン計画＝ニュー・ワールド・

オーダーに対抗していく。

たとえば2006年、ベイビーブッシュは、ロシアでウラジーミル・プーチン大統領と会談した際、こんな密約を交わしていたのだ。

「ロシアを含めたG7で中国を分割統治しよう。そのためにロシアは中国に接近し、味方の振りをしてほしい。そうして時期をみて、中国に内紛を起こし、それに乗じて攻め込もう」

これにプーチンは、いったん同意していたという。最初から演技だったのか、途中で心変わりしたのかは別にして、結果的にプーチンを味方と信じていたニュー・ワールド勢はロシアにすっかり「騙《だま》された」。これで後れを取り、リーマンショックの影響もあって、一気に趨勢《すうせい》はBRICS同盟へと傾いていくことになる。

だが、戦いは終わらなかった。

その原因が「アメリカ軍」にあった。アメリカ軍はナチスから離反しながらもBRICSが主導する「21世紀型新秩序」をなかなか認めなかったためである。

◆ソ連崩壊の過程をなぞるアメリカ

たしかにアメリカ軍はナチス派とは決別した。それが表面化したのは2010年であろう。

この年、アメリカ軍は正式に同性愛者の兵士を認める方針を打ち出した。逆に言えば、それまでホモを認めていなかったのだ。

アメリカはドルを奪われ、富を吸い上げられているために超絶格差社会となっている。まともな職に就《っ》くには、高度な教育が必要になるが、一般市民には、そのお金がない。そこで多くの若者は軍に入り、大学進学のスカラシップ（奨学金）を得る。また、オバマケア以前5000万人という医療保険無加入者がいたように、アメリカは医療費がバカ高い。この医療保険も軍に入れば家族ともども加入できる。軍の存在が貧しい市民のセーフティーネットになっているのだ。

軍は上司の命令は絶対という組織。そこでホモ行為、同性愛行為を強要された場合、拒絶するのは難しい。一度でも行為に応じれば、それが軍に発覚した場合、せっかくのスカラシップや医療保険といった福祉を失うことになる。それを脅しに軍の一部がナチスの私兵と化し、アメリカ軍による犯罪行為を助長してきた。イラク戦争における有名なアブグレイブ刑務所の捕虜虐待などが典型であろう。その意味でアメリカ軍が同性愛を解禁したのは、ナチスとの決別宣言と言っていい。

それでもBRICS主導の新秩序を容認しなかったのには理由がある。このまま新体制へと移行すれば、間違いなくアメリカ軍は解体されてしまうからだ。

アメリカ軍は人類史上最大の軍事組織と言っていい。年間予算は70兆円。陸海空に海兵隊、沿岸警備隊を合わせれば170万人、軍需産業などの関連事業を入れればアメリカ国内最大の勢力であり、先進国一国なみの規模を誇っている。

アメリカ軍もアメリカ経済の実情を見れば、これだけの規模の軍産複合体を維持できないことは理解している。

とくに現在のアメリカ軍の上層部は、下士官時代、旧ソ連崩壊を現場で目《ま》の当たりにした世代が中心となっている。ソ連崩壊は、いわば旧共産圏の敗戦であった。敗戦国となった国の軍隊には悲惨なものがあるが、旧ソ連はパパブッシュの占領統治でまさにその悲惨を極めていた。閣下や提督と呼ばれた旧ソ連の高級軍人たちが年金をもらえず、タクシーの運転手などに落ちぶれ、娘たちが売春をして生活を支えるような悲劇が続発していた。一般兵士や下士官はさらに悲惨だった。国のために命懸けで働いた結果がホームレスなのだから。

この時期、私は何度もペンタゴンの関係者を取材した。ある高級軍人ははっきりと私に断言した。「米軍が解体されて、旧ソ連軍のような目にあうくらいなら、第3次世界大戦を起こしてでも軍が生き残る道を模索する」と。アメリカの軍人は非常に真面目で高潔な人物が多い。ともに戦った「戦友」を見捨てて、上層部だけ生き残る恥知らずな真似をしない。かといってナチス勢力に協力もできない。一種のジレンマに陥っていたのだ。

世界最強の軍事組織が動かなければ、当然、対ニュー・ワールド勢戦線は膠着《こうちゃく》する。リーマンショック後、スムーズな新秩序への移行がストップしてしまったのだ。

今度は、この隙をニュー・ワールド勢が突いてくる。これは第6章で詳しく述べるが、リーマンショックによるドル支配システム崩壊の危機に際して「23兆ドルの巨額詐欺」によって自分たちの特権的地位の延命を図ったのだ。それだけではなかった。

そう、3・11である。2011年3月11日、今度は日本で人工地震による巨大災害テロと原子炉爆破を行う。この脅しで日本の虎の子ともいうべき金融資金500兆円を奪い取り、「反ニュー・ワールド同盟」を牽制《けんせい》。破れかぶれになったナチス派を中心とするニュー・ワールド勢の暴走の結果、2012年以降もニュー・ワールド勢の暗躍は続くことになってしまったのだ。

◆立ち上がったアメリカ軍

この状況が一変するのは2015年からである。

ついにアメリカ軍が立ち上がったのだ。

――ジョセフ・ダンフォード。

２０１５年9月、ジョセフ・ダンフォード大将はアメリカ軍制服組の頂点である統合参謀本部議長に就任する。このダンフォード大将が対ナチスに立ち上がったのだ。

残念ながらダンフォード大将に注目するメディアはほとんどない。メディアの扱いは、これまでの統合参謀本部議長と同様、単なるアメリカ軍のトップというだけである。

とんでもない間違いだ。

ダンフォード大将は陸軍に入隊後、特殊部隊を経て海兵隊へと転属、以後、海兵隊畑で出世した。私の得た情報によれば、彼は「スメドリー・バトラー」を信奉しているという。この人物は、１９３０年代に活躍した海軍の提督で、ナチス勢力の頭目であるブッシュ一族と激しく争っていた。「戦争はマフィアの金儲け」と公言し、まさに「正しいアメリカ軍」のシンボルとなってきた人物だ。戦後もパパブッシュと激しく対立、そのためバトラー提督の信奉者はアメリカ軍で出世できないと言われてきたほどだった。

実際、ダンフォード大将が軍のトップにならないようナチス派は相当、警戒していた。そこでアメリカ軍は２０１４年、ダンフォードをいったん、海兵隊総司令官に就任させている。総司令官職は、通例、任期は4年。これで翌２０１５年の統合参謀本部議長職の目はなくなったと国務省サイドを油断させたわけだ。そして２０１５年5月、電撃的にダンフォードの統合参謀本部議長就任を内定、同年10月に正式に就任した。繰り返すが、海兵隊総司令官職を不祥事もなく任期1年で退任することはない。かなり異例な人事だったのは間違いない。いかに重要な人物であったのかが窺《うかが》えよう。

それを象徴する出来事が、2016年7月6日に、バラク・オバマがアフガニスタン駐留米軍の削減見直しを発表したとき、その脇でダンフォード大将がにらみを利かせていたことだろう。2015年10月以降、オバマ政権末期はダンフォード大将を司令官とする軍の影響力が増していたのは間違いない。その証拠に、この時期からオバマ大統領の発言や政策が激しくブレていく。オバマ大統領は国務省（ナチス派）とアメリカ軍の双方から渡されたペーパーをただ読むだけの傀儡《かいらい》である。それで言動がぶれていたのだ。

ここで重要なのは、どうしてダンフォード大将が対ナチスアメリカに立ち上がることにしたのか、という点である。たとえアメリカ軍が対ナチス戦争に参戦、勝利に貢献しようが、アメリカ軍は解体の憂き目にあう。すでにアメリカ一国で維持できるような規模ではないからだ。アメリカ軍の維持だけを考えれば、20世紀型世界秩序が続くほうがいい。それでアメリカ軍はジレンマに陥り、身動きができなくなっていたわけだ。

対ナチス戦争に挑んだダンフォード大将の登場によって、アメリカ軍の新たな生き残り作戦が動きだしたのだ。

それが「公的機関直轄《ちょっかつ》軍」構想である。

アフガニスタン駐留米軍の削減規模の見直しを発表するオバマの横に立つジョセフ・ダンフォード
（2016年7月6日、ワシントン）

統合参謀本部議長
ジョセフ・ダンフォード
（1955－　）

国連（国際連合）に代わる新たな国際機関を設立、本土防衛に必要な戦力以外の兵力を「国際治安維持軍」にしようという構想なのだ。

これならアメリカの軍産複合体が救われる。何より、これで心置きなく対ナチス戦争に参戦できる。さあ、戦いを始めよう、となったはずだ。

それが2015年の夏以降のアメリカに起こった。

その結果、アメリカはアメリカ軍とナチス派勢力の間で事実上の内戦に突入したのだ。

◆世界は「ニュー・エイジ」へ移った

このダンフォード計画は、アメリカ軍が対ナチスアメリカという「内戦」において中心的な役割を果たし、勝利をもたらすことが前提となる。ナチスアメリカを打倒し、ナチス派の犯罪を暴き出し、公《おおやけ》の場で裁く。そうして旧秩序を終わらせ、新秩序に向けて高らかに宣言。アメリカ軍が「正義の軍」となって、ニュー・エイジを主導する。

だからこそダンフォード大将は徹底的にナチスを潰そうとしているのだ。そこに躊躇《ためら》いもなければ容赦もない。持てる力でねじ伏せようとしている。

それで世界の情勢が一変したのだ。

次章で詳しく述べるが、先の大統領選で、いったい、誰が「ドナルド・トランプ」の当選と、ヒラリー・クリントンの落選を予想できたか。このアメリカ軍、ダンフォード大将の動きを知らなければ、まったく想像がつかないはずだ。逆に言えば、この動きを知っていれば、少なくともヒラリー・クリントンの落選は予期できたことだろう。

いずれにせよ、対ナチス戦争、対ニュー・ワールド・オーダーの戦いは、アメリカ軍の本格参戦をもって、事実上、終わった。ナチス派は敗れ、世界は「ニュー・ワールド・オーダー」という旧体制から「ニュー・エイジ」という新時代へと移った。

すでに世界は加速度を増して動きだしている。

2016年7月13日、突如、天皇陛下が「生前退位」、いわば譲位を申し出たことが判明、日本中が大騒ぎになった。

実は日本の皇室だけではない。ヨーロッパの王族たちもまた、次々と退位し、新しい王へと代替わりしている。

王室ではないが、2013年2月28日、ローマ教皇であるベネディクト16世が400年ぶりに生前退位をし、フランシスコ教皇へと代わった。これを皮切りにして続々と王様が入れ替わっているのだ。

オランダ女王のベアトリクスが退位し国王ウィレム＝アレクサンダーに（2013年4月30日）。カタールの王ハマドがタミームへ（2013年6月25日）。ベルギーのアルベール2世がフィリップへ（2013年7月21日）。スペイン国王のファン・カルロス1世はフェリペ6世（2014年6月19日）へ。

高齢や病気など理由はさまざまだが、まるで堰《せき》を切ったように代替わりを強行していることがわかるだろう。

2017年3月現在、90歳と高齢であるイギリス女王エリザベス2世は、天皇陛下と同様、すでに実権を皇太子に渡していると言われている。しかしエリザベス女王は国民の人気も高いだけに健康状態が続くかぎり、王座にとどまるかもしれない。

実はロスチャイルドやロックフェラーなども、やはり代替わりしているのだ。

ここで、2017年3月20日、ついにデイヴィッド・ロックフェラーの死亡が報じられた。まあ、101歳なのでメディアは死亡理由を述べていない。

だが、アメリカ軍を含む複数の情報筋の間では、「ロックフェラー一族のトップであるデイヴィッド・ロックフェラーが死んだ」との情報が、2016年末、盛んに飛び交っていた。

こうした情報はよく出回るため、そこで私はロックフェラー財団に直接、問い合わせたところ、これまでならば「死んでいない」とちゃんと答えていたのが、今回、ロックフェラー財団は否定も肯定もしなかった。

デイヴィッド・ロックフェラーについては、少なくとも2016年末には死んでいたのでは、と言われているが、「生きている」前提でロックフェラー家は動いていた。それが、この時期から死亡、つまり、当主交代を前提に動きだし、このタイミングで発表したと見るべきだろう。どうして、このタイミングだったのかは、最終章で述べていくとしよう。

もう一つ、国際金融マフィアを牛耳ってきたロスチャイルドもまた、ナサニエル・フィリップ・ロスチャイルドがロスチャイルド5家全体を統括する総帥《そうすい》になったと言われていた。ナサニエルはジェイコブの後を継いでロンドン家5代目当主となったが、1971年生まれ、まだ40代と若い。この若き総帥のナサニエルもデイヴィッド同様、暗殺説が飛び交っていた。こちらも問い合わせたところ、ロスチャイルドの広報は「死んではいないが、今は親族に追われて身を隠している」との回答を得ることができた。

もともとナサニエルは、40代の若さでロスチャイルド全体の総帥に抜擢《ばってき》されたことといい、失踪《しっそう》疑惑を否定しなかったことといい、ロスチャイルド各家で対立や内紛があるのは間違いあるまい。ナサニエルは、ニュー・エイジに向けた総帥と考えられるだけに、それに反発するニュー・ワールド勢のロスチャイルドのおじいちゃんたちが反撃に出ていると推察される。

いずれにせよ、こうした一連の動きは、間違いなく「ニュー・エイジ」への対応なのだ。

これらの王や当主は、20世紀型の世界秩序を構築した中心メンバーだったと言っていい。そこで21世紀型の世界秩序の構築に向けて退くことにしたのだろう。

ようするに当主をすげ替えることで新しい世界秩序への同意と恭順《きょうじゅん》を示したのだ。

◆パリ協定の真の意味

ダンフォード大将によるアメリカ軍の動きは、ある意味、第2次世界大戦のイタリアとよく似ているだろう。

ファシスト党のムッソリーニを首班にイタリアはナチスドイツと結託《けったく》、日本も加えた枢軸《すうじく》国同盟を結んで連合国側と戦った。ところが情勢が悪くなるやイタリアはクーデターでファシスト党を倒し、ムッソリーニら首脳陣を処罰した。これによって枢軸国同盟を抜けて連合国側に参加、戦勝国となった。

イタリアの場合、連合国の勝利にさほど貢献しなかったこともあって戦後体制では脇役となったが、今回のアメリカ軍は違う。対ナチスアメリカの内戦で勝利し、ファシスト陣営に大きな打撃を与えた。当然、戦後秩序、つまりニュー・エイジという新時代構築において大きな発言力を持つことになるのは間違いあるまい。

これで現在、世界は混沌《こんとん》としてきたのだ。

実際、アメリカ軍の支持を得てヒラリー・クリントンを破って大統領となったドナルド・トランプは、さっそく、二酸化炭素排出量の国際取り決めである「パリ協定」を破棄、さらに南沙諸島をめぐって中国との関係が悪化、武力衝突の懸念も強まってきた。

一見すればトランプ政権は軍の暴走に引きずられているかのように見えるが、それは正しい見方ではない。

まずパリ協定は、二酸化炭素排出量の国際的枠組みに見せかけた、ドルに代わる「国際基軸通貨」構想なのだ。ロスチャイルドが提案した、新基軸通貨を発行する国際金融機関の議決権を二酸化炭素排出量になぞらえたもので、その割合は世界経済に対する実体経済の規模を比較的忠実に表している。それで各国の同意がなされたわけだ。

トランプ政権が、パリ協定を真っ先に白紙撤回したのは理由がある。新基軸通貨構想のリーダーシップをアメリカ軍が主導する新生アメリカが取る、という宣言であろう。アメリカ軍首脳にすれば、パリ協定の合意は対ナチス戦争で追い詰められていたオバマ政権時のものであり、対ナチス戦争をアメリカ軍自ら潰した以上、情勢は一変した。ならば、もう一度、話し合うべきであるというわけだ。

事実、同年2月3日の「アメリカ金融に関する大統領令」には、「advance American interests in international financial regulatory negotiations and meetings（国際的な金融規制交渉および会合で、アメリカの権益を拡大する）」という方針を大々的に掲げている。

政府発行紙幣を実現し、アメリカの国力を回復する。現時点のアメリカより、今後、はるかに強いアメリカに生まれ変わる。

だからニュー・エイジにおける「新基軸通貨構想」自体、もう一度、話し合いたいという東洋側に向けた「メッセージ」なのだ。

このアメリカの揺さぶりに、対ニュー・ワールド戦争の主役であったＢＲＩＣＳ陣営も揺らいできている。第1章で述べたように、ニュー・エイジの本質は、東洋文明と西洋文明の「融和」（結婚）にある。となれば、現在のＢＲＩＣＳ同盟の枠組みもまた、変わらなければならない。新生アメリカが目指しているのは、当然、西洋文明をまとめることなのだから。

戦いが終わり、次の戦いが始まる。

20世紀型の世界秩序が終わり、次の新秩序に向けて大国たちは主導権を握るべく、新たなパートナーを探し、枠組みを作ろうと画策する。

その果てに世界は、どうなるのか。どんな世界へと進んでいくのか。どの国が手を結び、どんな枠組みとなるのか。そのとき、通貨はどうなるのか。

その開始のゴングとなるのが本書のタイトル「トランプドル」なのである。

第3章

激闘！　アメリカ大統領選

トランプ軍事政権を生んだアメリカ軍 VS ナチスアメリカの闘い

◆国防長官にジェームズ〝狂犬〟マティスという男

「トランプ政権は軍事政権だ！」

２０１７年１月20日、ドナルド・トランプが正式にアメリカ大統領に就任するや、多くのメディアは、批判を繰り返している。

大統領選ではあれほど間抜けな報道を繰り返した大手メディアにしては珍しく間違っていない。重要閣僚のほとんどが高級軍人と軍経験者によって占められているのだ。まあ、閣僚名簿を見れば子どもでもわかる。

実際、指名された主要閣僚ポストの顔ぶれを見ても、トランプ新政権が軍事政権となることは明らかだ。まずは主要メンバーについての私なりの分析を簡単に述べておこう。

「国防長官」に指名されたのは海兵隊の退役大将、ジェームズ・マティスだ。元中央軍司令官だ。ただしアメリカの現行の法律（国家安全保障法）では、軍人が退役から７年以内に国防総省の要職に就《つ》くことは禁じられている。彼が退役したのは２０１３年５月、現行法では２０２０年５月まで国防長官にはなれない。そのため、「マティスの指名を認めるか否か」が一時焦点になっていたが、１月20日に賛成98、反対１で承認された。戦後にマーシャルプランを提唱したジョージ・マーシャルに次ぎ、戦後二人目の「退役から7年未満の軍人」が国防長官に就任したことになる。

このマティスについては、「狂犬マティス（General James "mad dog" Mattis）」の異名を持つ。たとえば、2003年にイラクの海兵隊に対して「Be polite, be professional but have a plan to kill everybody you meet.（礼儀正しくプロであれ、しかし貴方が会うすべての人間に対して殺す計画を練っておけ）」と檄《げき》を飛ばしたのが「狂犬」というわけだ。ちなみに彼が残した言葉は、他にも左記リンクの英語サイトに掲載されているので参照してほしい。

http://freebeacon.com/national-security/the-best-from-mad-dog-mattis/

次に、トランプ政権の「教育長官」に指名されたベッツィ・デヴォス（Betsy Devos）だが、彼女はミシガン共和党委員長を務めた経歴があり、義父は「アムウェイ」の共同創設者で、夫はその現社長。いわゆる富豪一族だ。ペンタゴン筋によると、アメリカ海軍特殊部隊SEALs《シールズ》を退役した実弟のエリック・プリンスも、彼女の資金を使って民間軍事会社「ブラックウォーターUSA（現アカデミ）」を創設したのだという。

同ペンタゴン筋は、「トランプは彼女を閣僚に起用することでアメリカ軍だけでなく、傭兵部隊（民間軍事会社）の支持も取り込む意図があった」と伝えている。

同筋によると、トランプ政権は、米軍、傭兵部隊、諜報機関（CIA・NSAなど）、ロシア、ヨーロッパと連携をして、アジアと対等に渡りあう狙いがあるという。これについては次章で詳しく語る。

「運輸長官」に指名されたイレイン・チャオ（Elaine Chao）は、個人的に疑問符がつく人選だった。彼女は、大学卒業後にシティバンクのニューヨーク支店に勤め、1984〜1986年にはサンフランシスコのバンク・オブ・アメリカで副社長を務めている。そして、1989年にジョージ・H・W・ブッシュ（パパブッシュ）政権の運輸副長官に任命され、2001年にはジョージ・W・ブッシュ（ベイビーブッシュ）政権の労働長官に就任している。

ただし、イレイン・チャオは、台湾系だが、父親が江沢民と学友だったこともあり中国政府と強いつながりを持つと言われる人物で、アジア駐在のCIA筋によると中国マフィアともつながっている。アメリカがAIIBへの参加を表明したことにも大きな関わりがあろう。

「商務長官」に指名されたウィルバー・ロス（Wilbur Louis Ross, Jr）の人選にも疑問符がつく。ロスは投資家で元銀行家。20年間、ロスチャイルドの「N・M・ロスチャイルド&サンズ」の企業再建部門（ようするにハゲタカ）において、かなり厳しいやり方で企業買収を繰り返し、独立後もファンド「WLロス」を創設して、倒産した製造業や銀行の買収、リストラを敢行してきた人物だ。

これも対ロスチャイルド、国際金融界のパイプと見るべきかもしれない。

国防長官
ジェームズ・マティス
（1950－　）
“狂犬”

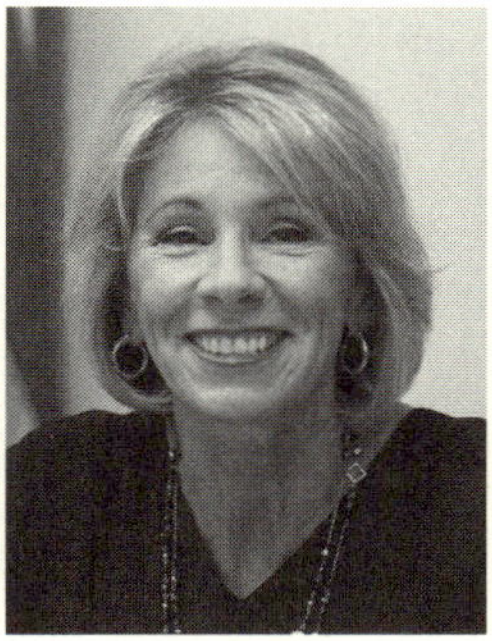

教育長官
ベッツィ・デヴォス
（1958－　）

運輸長官
イレイン・チャオ
（1953－　）
“台湾系”

商務長官
ウィルバー・ロス
（1937－　）
ロスチャイルド系
ハゲタカファンド
に長年勤務

財務長官
スティーヴン・
ムニューチン
（1962－　）
元ゴールドマン・
サックス

国務長官
レックス・テイラーソン
（1952－　）
エクソンモービル前会長
ロシアと太いパイプを持つ

上り詰めた人物だ。

「財務長官」に指名されたスティーヴン・ムニューチン（Steven Mnuchin）は、17年間ゴールドマン・サックスに在籍して上級役員の最高情報責任者（Chief Information Officer）にまで上り詰めた人物だ。

ムニューチンは、２００９年にゴールドマン時代の元同僚で当時ブッシュ政権の財務長官を務めていたヘンリー・ポールソンやジョージ・ソロスらと組んで破綻した米住宅ローン会社「インディマック銀行」を１６０億ドルで買収、さらなるサブプライム・ローンをアメリカ国民にばら撒いたあげくにいったん会社を倒産させている。

その後、ムニューチンらは社名を「ワンウェスト」に変えて経営を続け、サブプライム・ローンで莫大な利益をあげている。経営者としてみれば、相当のやり手。財務長官起用の理由は、このあたりにありそうだ。

また、ナチス派の牙城《がじょう》となってきた国務省にはレックス・ウェイン・ティラーソン（Rex Wayne Tillerson）を長官に起用した。エクソンモービル前会長兼最高経営責任者であり、石油ビジネスを通じてロシアと太いパイプを持っている。このティラーソンの存在が、今後のトランプ政権の方針に大きな影響を持つ。これについては、あとで詳しく述べる。

いずれにせよ、清濁《せいだく》を合わせ呑み、硬軟《こうなん》織り交ぜた、なかなか癖のあるメンバーを揃えている印象を受ける。

◆軍事色鮮明な主要閣僚メンバー

ただし、軍事色ははっきりと出ている。とくに安全保障関連の主要閣僚は、すべて高級軍人で固めた。ここが歴代の政権との違いであろう。

国土安全保障長官にジョン・F・ケリー。国防長官には「狂犬」のジェームズ・マティス、国家安全保障担当大統領補佐官には元情報将校でなにかと物議を醸《かも》すマイケル・フリンを選んだ。このフリンは、元陸軍中将でイスラム教を「癌《がん》」と呼んだ軍きっての対イスラム強行派の軍人だった。しかし、就任前にロシア連邦駐米大使とロシア制裁問題で接触していたとされて辞任に追い込まれている。ただ、その後任もH・R・マクマスター陸軍中佐が指名されていることからも、もともと陸軍に割り当てられたポストであることがわかる。

そのほかにも陸軍士官学校（ウエストポイント）出身のマイク・ポンペオ元陸軍大尉を中央情報局（CIA）長官に指名。アメリカの諜報部門全体を統括する国家情報長官にはダン・コーツ上院議員を起用。このコーツも軍務経験がある元軍人だ。

とくにCIA長官となったマイク・ポンペオは、スパイ活動や拷問などの「情報収集活動」に賛成し、中絶には強硬に反対、銃規制にも反対しているバリバリの保守派だ。そのキャリアも陸軍士官学校を卒業、航空関連企業を設立して成功を収めた。テロ対策や国境警備を統括する国土安全保障長官に就任したジョン・F・ケリーも元海兵隊大将である。

ようするにアメリカの安全保障部門は、すべてをアメリカ軍が押さえているのだ。

ちなみに現場を統括する陸軍長官に就任を要請したヴィンセント・ヴィオラは、アメリカの同時多発テロの後、陸軍士官学校で攻撃対応部門を立ち上げた人物だった。CIAの情報筋によれば「トランプ政権は9・11の真実を公開する」方針という。ヴィオラに、その中心的役割を任せようとしたのだろうが、最終的に就任を断った。ナチス派の妨害工作の可能性もあるが、ヴィンセント・ヴィオラは高頻度取引企業（きわめて短い時間で取引をするためのシステムを開発・運営する会社）の創業者でもある。自著で何度も指摘してきたように、現在の株式取引は、スーパーコンピュータによる「やらせ」が横行している。一種の詐欺になっている。その要因となっているのが、この高頻度取引なのである。トランプはヴィオラを政権の重要メンバーに就けることで協力者にしようとしたが、そのあたりの事情が複雑に関わった結果、見送りになったのであろう。

首席戦略官兼上級顧問、いわば大統領の側近に選ばれたスティーヴ・バノンの肩書きは保守系オンラインニュースサイト「ブライトバート・ニュース・ネットワーク」会長である。

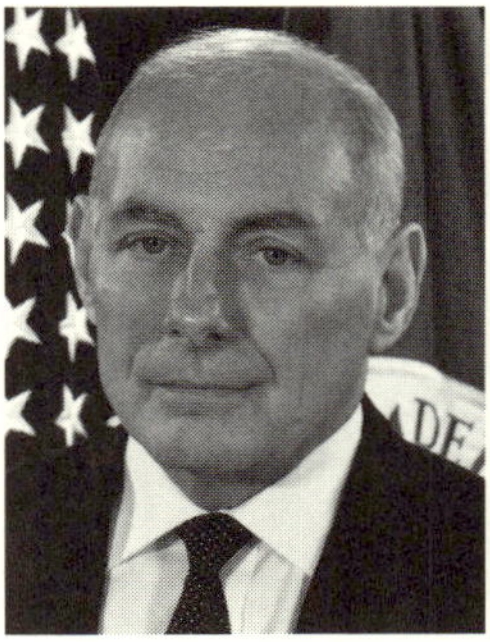

国土安全保障長官
ジョン・F・ケリー
（1950-　）

国家安全保障問題
担当大統領補佐官
マイケル・フリン
（1958-　）
↓
辞任

CIA長官
マイク・ポンペオ
（1963-　）

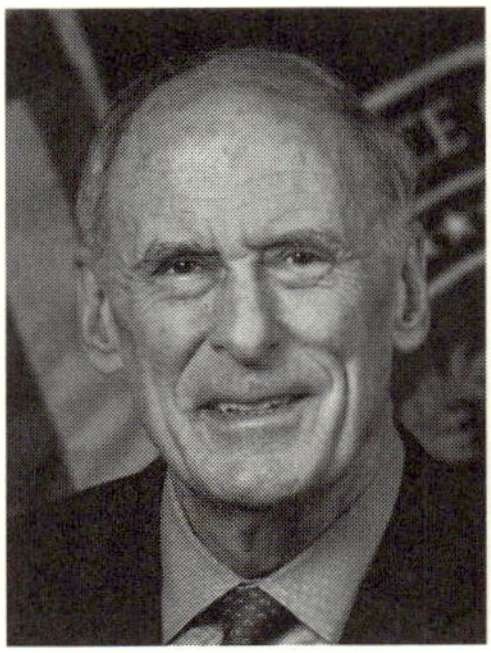

国家情報長官
ダン・コーツ
（1943-　）

主席戦略官・
大統領上級顧問
スティーヴ・バノン
（1953-　）

副大統領
マイク・ペンス
（1959-　）

その実態は、大統領選でトランプ陣営に派遣された軍のエージェントであろう。バノンは海軍で将校を務めたあと、ゴールドマン・サックスに転身した。大統領選では、トランプ陣営に参加、その優秀さで最高責任者まで務めている。トランプ政権樹立の立役者と言っていい。

◆軍事政権の狙いはナチス派との内戦

こうした軍事色が強い反面、副大統領に就任したマイク・ペンスのように白人保守派が多いのもトランプ政権の特徴だろう。ペンスはキリスト教原理主義者で、いわゆるバリバリの保守層の代表と言っていい。

なによりトランプが起用した新政権の閣僚および閣僚級高官計21人のうち、女性は4人にとどまった。また人種別では、アフリカ系が1人、アジア系が2人。残りは、すべて白人男性となっている。とくにラテン系が一人もいないのが特徴であろう。

だからといって「トランプ政権は戦争を仕掛ける」「排他的な白人至上主義のレイシスト政権であり、人種差別的な政策を企《たくら》んでいるはず。事実、イスラム教徒の排除を早速始めている」といった短絡的な批判をしたところで意味はない。

重要なのは、トランプ政権が何を目的にしているのかを正確に知ることだ。たしかにトランプ政権は「戦争」を考えている。

だが、それは大手メディアが批判する方向とはまったく違う。トランプ政権の「戦争」は対外戦争ではなく「内戦」だからである。

アメリカ国内の反対勢力、いわばナチス勢力を潰すために軍事政権になっているのだ。その意味で、現在のホワイトハウスは軍政の司令部と言っていい。

とかく軍事政権は「軍事独裁」として批判の対象となりやすい。しかし、ドラスティックな国内改革を断行するには、軍部の協力がなければ難しいのも現実なのだ。

日本は過去、大きな国内改革を二度行った。明治維新と戦後体制である。明治維新は薩長という長州藩と薩摩藩が武力で江戸幕府を倒し、その軍事力をもって日本を近代国家に作り替えた。戦後の改革では、日本との戦争に勝った占領軍であるアメリカのGHQが、やはり武力を背景に軍国主義であった日本の民主化を断行した。

いずれも強力な武力を背景に反対勢力を黙らせながら改革を行った。改革に成功したから明治政府もGHQの政策も後世、評価されている。失敗していれば、軍事独裁政権として批判を受けたことだろう。

国内をドラスティックに改革したとき、軍事政権は評価される。改革をせず、何もしないのなら高級軍人を閣僚の中心にする必要などないのだ。

その意味で重要閣僚のほとんどを高級軍人に任せたトランプ政権は、徹底的に「アメリカ」を解体することになろう。アメリカは、まったく新しいアメリカになる。新生アメリカを生み出すために誕生したのが「トランプ政権」と見るべきなのだ。

トランプ政権を批判するならば、この改革が失敗したときであろう。

◆ヒラリー当選の可能性は当初からゼロだった

その視点で大統領選を見直すと面白いことがわかる。

前回の大統領選は、ドナルド・トランプ大統領を生むのが目的だったわけではない。アメリカ軍による「合法的」なホワイトハウス乗っ取りであったのだ。

――アメリカ軍が自らの軍事政権を作ろうとしている。

この情報は早くから私の情報網に引っかかってきた。2016年前後から、そうした情報が次々と入ってきたのだ。

私はアメリカ情勢を分析する際、複数のディープスロート（内部情報提供者）をソース（情報源）にする。CIAヨーロッパ担当、CIAアジア担当、さらにペンタゴン（国防総省）

筋、NSA（National Security Agency／アメリカ国家安全保障局）の関係者である。

彼らは早い段階、2015年末から2016年初頭にかけて次期大統領選について、「ヒラリーを大統領にしない」という意見で一致していた。これらの部局はアメリカの国家戦略に基づいて動く。アメリカ当局がヒラリーを見捨てる、正確に言えばアメリカ軍が大統領選で対ナチス戦争を仕掛けることがはっきりした。

ところが、複数の情報源は、なぜか誰を大統領にするかでは意見が食い違っていた。アメリカ政治中枢で混乱が起こっていたのだ。

実際、CIAアジアとNSAは「ヒラリーを選挙戦から降ろして副大統領のジョー・バイデンを大統領に担ぐ」プランを支持していた。一方のCIAヨーロッパはヒラリーを大統領選本選で落選させようとしていた。むしろ、ヒラリーさえ排除すれば、誰が大統領になってもいい印象さえ受けた。誰がなってもいい状況が生まれたから、国民の支持が高いトランプがそのまま勝ったとも言えよう。落選する予定のヒラリーと一騎打ちになった時点で、暗殺でもされない限りはトランプの勝利は確定していたのだ。

こうした分析から選挙戦前、私は取材を受けるたびに、こう述べてきた。

「ヒラリー・クリントンの当選確率は0パーセント」

「ドナルド・トランプが大統領になる可能性は50パーセント」

私の意見に取材者たちはきょとんとして「またまた、ご冗談を」という顔をしていた。

トランプ大統領の可能性を5割と見積もったのも、軍がジョー・バイデンを担ぐ可能性があったからである。このバイデンは13歳の少女に対するわいせつ発言が発覚してバイデンの目はなくなる。実は、「もし、ヒラリーが不正選挙によって大統領になった場合、即座に暗殺、そのときの副大統領を担ぐ」というプランまであったのだ。


ここで今回の選挙でヒラリー・クリントンの立ち位置を説明しておこう。

もともとビル・クリントンは「ウィンスロップ・ロックフェラー（デイヴィッドのすぐ上の兄）の隠し子」というのが定説となっている。つまり、ニュー・ワールド勢アメリカ派の「エネルギーマフィア」の一員だった。ロックフェラーはエネルギーと医療の国際メジャーを押さえ、軍と近い関係にある。

これに対してヒラリー・クリントンは、国際犯罪ネットワークを構築してきたナチス派の麻薬ビジネスにどっぷり関与してきた。

ヒラリー・クリントンは、なんとかロックフェラーとロスチャイルドの協力は取り付けていたもののベースはナチス派にある。それでアメリカ軍によって徹底的に排除、潰されることになったわけだ。

◆ヒラリー応援団と化したメディアよ、恥を知れ！

別に予想を当てたことを自慢したいわけではないが、今回の選挙戦でほとんどのメディアが予想をはずしたのには理由がある。

アメリカのメディアは六つの大きなグループに分かれるが、すべてニュー・ワールド勢の管理下にある。世論を操作するためにはメディアを押さえておく必要があるからであろう。いうなれば欧米の大手メディアは金で〝飼われている〟のだ。そもそも大手6社が既存の9割のメディアを傘下《さんか》に従えている。まともな報道になるはずはないのだ。

日本のメディアが今回の選挙で赤っ恥をかいたのも同様だろう。今や日本の大手メディアも、気骨《きこつ》ある記者はほとんどいなくなった。真実を報道する気概《きがい》があれば会社を辞めてフリーになるしかない。日本のメディアがトランプは絶対に落選、ヒラリー当選と信じ込んでいたのは、アメリカメディアの情報をそのまま垂れ流していたからなのだ。

その日本の大手メディアが報じなかったのが、トランプを支持した保守層である。

コンサバティブの中心は、言うまでもなくアメリカ軍だ。その規模は年間予算70兆円。陸海空に海兵隊、沿岸警備隊を合わせれば170万人という巨大組織である。しかもアメリカは「世界の軍事工場」でもある。軍需産業の巨大さは日本人が考えるよりはるかに大きい。わかりやすく言えば、額に汗して現場で働いている人たちは、基本的に何らかの形で軍と関係しているぐらいだ。

余談となるが、以前、トヨタがアメリカで戦車を作っているという情報を得て調べたことがある。実際、デトロイトでトヨタはアメリカ軍の戦車を作っていた。

アメリカ軍は、基本的に軍が兵器の開発費を出す。どのメーカーが開発しようが、パテント（特許）の製造権は軍が持っている。兵器生産の際、各メーカーに発注することができるのだ。自動車生産地であるデトロイトには軍のデトロイト工廠《こうしょう》がある。そこで戦車など軍用車を製造するのだが、実務作業は現地の自動車メーカーが担当する。それでデトロイトに工場のあったトヨタも戦車の生産に携わっていたのだ。

軍が必要とする軍事物資、兵器は多岐《たき》にわたる。アメリカには有数の缶詰メーカーがあるが、それだって元は軍事物資なのだ。医薬品はもとより、化学メーカーも火薬や兵器の部品を作っている。マイクロソフト、アップル、あるいはグーグルなどIT企業、シリコンバレーのベンチャー企業などもアメリカ軍と取引している。

もともと大企業のトップたちは富裕層として国際金融マフィアやエネルギーマフィアと協力関係にある。その企業の投資家たちも、当然、ニュー・ワールド勢に与《くみ》している。

しかし現場の人間は違う。彼らは取引先である軍に対して愛着を感じやすい。いわば生産実務に携わる現場の人間は、意外に軍の支持者が多いのだ。

軍産複合体とは別に、軍に近い保守層も多い。それがミリシャ（民兵）である。銃乱射事件が頻発するたびにアメリカの銃規制の問題が取り沙汰される。事の是非はおいて、アメリカ人が銃規制に反対するのは、合衆国憲法で「抵抗権」が認められているからである（合衆国憲法補正第2条）。もともとアメリカは国家権力に弾圧された人たちが自由な新天地を求めて建国した。それだけに国家が人民を不当に弾圧した場合、市民が銃を持って国家に抵抗する権利を認めている。この抵抗権をアメリカらしさ、アメリカの誇りと考える市民は非常に多い。ゆえに銃保有が凶悪犯罪につながるとしても規制に反対するのだ。

こうした抵抗権を熱烈に支持するのがミリシャである。その中心勢力は「白人」で「キリスト教原理主義」のキリスト教右派系の市民ミリシャだ。その規模は100万人と言われている。もちろん移民したスペイン系や有色人種のミリシャもあり、また、軍事訓練といった直接の活動をしなくても抵抗権を誇りに思う潜在層も非常に多い。当然、彼らはアメリカ軍の熱烈な支持者だ。アメリカ軍が正義の軍隊であることを強く望んでいる。

これら軍を支持するアメリカ市民もまた、現場で額に汗して働いている。そして、ナチス勢力によって不当な搾取を受け、自分たちの国であるアメリカを乗っ取られ、アメリカを汚されてきた屈辱に耐えてきた人たちでもある。

わかりやすく言えば1パーセントの富裕層から搾取される99パーセントの層なのだ。「まっとうな」選挙が行われたら、民主主義の原則からいって、この保守層の支持者が当選するはずなのだ。

ところが、これまでそうならなかった。

理由は簡単だろう。不正選挙が行われていたからである。票を改ざんする不正選挙もまた、ニュー・ワールド勢の常套《じょうとう》手段なのだ。

実際、1989年のパパブッシュ政権以降、2017年のトランプ政権登場までの28年間、アメリカの政権は、事実上、ブッシュ家とクリントン家の持ち回りになってきた。2010年のバラク・オバマ政権についても誤魔化しのためにワンクッションで、ニュー・ワールド勢の「パペット（傀儡《くぐつ》人形）」にすぎない。実質、ニュー・ワールド勢のナチス派が政権を独占してきた。

ともあれ、この保守層は有権者で言えばアメリカ最大の勢力となる。そこでニュー・ワールド勢は、共和党であろうが、民主党であろうが、ひとまず予備選では保守層受けする候補者を出す。そうして保守層を取り込んだうえで、最終的にはブッシュ家、クリントン家の候補が勝ち上がるという戦法を繰り返してきた。

たとえ保守層が支持する対立候補が残ったとしても、ニュー・ワールド勢はメディアを押さえている。徹底的なネガティブキャンペーンによって潰すなり、いざとなれば票を改ざんする。選挙といいながら完全な茶番であったのだ。その意味でメディアが「ヒラリー絶対有利」と報じたのも、多少、同情できよう。大手メディアはアメリカの大統領選が世論や支持率にまったく関係なく、権力者の描いたシナリオ通り展開する「フィクションドラマ」と知っている。そのシナリオ（台本）を選挙前に渡されていたのだから勘違いするのも無理はない。とはいえジャーナリストを名乗るならば、きちんと取材して真実を報道すべきだろう。トランプの言葉ではないが、まったく恥を知れ、と言いたくなる……。

◆パナマ文書でナチス派の資金源が完全に断たれた

話を整理すれば、アメリカ軍主導の軍事政権を作るには、まっとうな選挙を行えばいい。ところが、「普通の選挙」をすること自体、非常に困難な状況となっていた。

そこでアメリカ軍は徹底した攻撃を展開した。これが今回の大統領選の実相となる。

そう、戦いは選挙前からすでに始まっていた。大統領選に向けて各党の有象無象《うぞうむぞう》の候補者が絞りこまれてきた2016年4月、突如、衝撃的なニュースが世界を駆けめぐった。

――パナマ文書、である。

「情報に興味はあるか。あるなら喜んで提供する」。

ことの発端は2015年、南ドイツ新聞へ送られてきた、この1通のメッセージだったとされる。同紙の記者は身の危険を訴える相手と数カ月間、暗号化されたチャットでやりとりし、金銭など見返りの要求はなく、情報提供の理由を尋ねると「犯罪を公《おおやけ》にしたい」とだけ答えたという。その告発内容はパナマの法律事務所「モサック・フォンセカ」の内部文書に関してのものだった。モサック・フォンセカは、いわゆるタックスヘイブン（租税回避地）を利用した資産隠しなどを一手に引き受けてきた、その筋では最大手の法律事務所だった。顧客の大半は各国の政財界の大物や著名人であり、その資産隠しをしてきた資料の一切合切が一気に流出したわけだ。

南ドイツ新聞は、国際調査報道ジャーナリスト連合（ＩＣＩＪ）と情報を共有。分析には約80カ国の100を超えるメディアから記者約400人が参加、そうして2016年4月3日、最初の分析結果が発表されたわけだ。

一見すれば、大統領選と関係がないように思える。

ところが、この法律事務所を通じてタックスヘイブンに流れ込んでいたオフショア資金の多くは、実はドラッグ取引の非合法マネーが中心だった。そう、ナチス派の国際犯罪ネットワークの資金であったのだ。

このパナマ文書の発覚で大統領選におけるナチス派の資金源が絶たれることになる。つまり大統領選でニュー・ワールド勢ナチス派候補であるヒラリー・クリントンの兵糧《ひょうろう》が真っ先に潰されたのだ。

私が取材したところ、パナマ文書を仕掛けたのはペンタゴンとCIAとイギリス情報局のMI6ではないか、という情報が入ってきた。

その証拠となるのがドラッグルートの壊滅である。ナチス派の中心ビジネスは国際犯罪ネットワークを使ったドラッグ売買だが、パナマ文書に先立ち、すでに崩壊していたのだ。

2015年11月、フランス当局が元大統領のニコラ・サルコジの身柄を拘束したという驚愕情報が流れた。これは2013年、680キロの大量のコカインをプライベートジェットで運んでいた元フランス軍パイロットがドミニカで逮捕されたことに遡《さかのぼ》る。その後の捜査で、この「密輸ジェット機」の所有者のひとりがサルコジであり、そのためにコカインの大量密輸の容疑をかけられたようなのだ。

また同年10月にもサウジアラビアのアブドゥル王子がイエメン空港で2トンもの麻薬を所持した容疑で逮捕されている。

こうしたVIPの逮捕劇に連動して、ドラッグ密輸の根拠地となってきた中南米諸国は、いっせいに「ドラッグ解禁」を容認していった。メキシコ内戦とまでいわれたメキシコ軍と麻薬組織の戦いも、メキシコ政府が「ドラッグの個人所有と私的使用」を認めたことで、一気に沈静化した。こうした中南米諸国では、貧しいゆえにドラッグ密造に関与する。あるいは貧しさから一時の快楽を得ようと使用しやすい。密造も使用も当局に見つかれば厳罰になる。結果、密売組織に参加せざるをえなく、正真正銘の犯罪者になっていく。

それが個人所有と私的使用が容認されるなら犯罪組織に参加する人間は激減する。密売組織にせよ、個人の使用が解禁になれば、高いリスクを冒《おか》してまでアメリカに密売する必然性はなくなる。普通に近所で売買すればいいからである。何より中南米で密売されているのはコカである。コカは医薬品の原料になる。普通に栽培できるならばコカインにせず、医薬品の原料として買い上げてもらえばいい。それで密売組織が一気に健全化しつつあるのだ。

この背景には、ダースベイダーになぞらえられるほど悪評だった前教皇ベネディクト16世が、約600年ぶりに生前退位したあと、2013年3月に就任したフランシスコ新教皇が関わっている。初の南米出身の教皇は、中南米のドラッグ犯罪を憂《うれ》え、そのルートを徹底的に潰すよう号令をかけたと言われている。サルコジ関与の密輸を摘発したのも「これ以上、私の故郷でナチス派の犯罪ネットワークの好きにはさせない」という新教皇の断固たる決意を感じる。南米は元々、カソリックの影響が強い。フランシスコ新教皇のドラッグルート壊滅指令の結果、わずか3年で中南米のドラッグルートは、ほぼ壊滅していくのだ。

実際、コロンビアの反政府ゲリラも停戦に合意し、キューバもアメリカとの国交正常化を実現した。この国交正常化によってブッシュ派がドラッグ密輸の拠点としてきたフロリダのアジトが潰されている。

繰り返すが、ドラッグ密輸はナチスアメリカの資金源である。それが肝心の大統領選を前にして完全に潰されたあげく、国際犯罪ネットワークで得たダーティマネーのマネーロンダリングまで潰されたのだ。見事なまでの「兵糧攻め」。これぞ戦略の基本と言いたくなる。

◆清原和博逮捕を命じたCIA

さて、アメリカ国内のドラッグが、どれほど断ち切られたのか。知人のジャーナリストから面白いネタを聞いたので紹介しよう。

2016年2月、清原和博という有名な元プロ野球選手が覚醒剤で逮捕になった。あまりスポーツに詳しくない私も知っているぐらいの有名人だ。逮捕のニュースで世間は大騒ぎになったのも無理はなかろう。

さて、その清原の逮捕だが、覚醒剤を扱っている暴力団組長を取材したというジャーナリスト氏によれば「逮捕を命じたのはＣＩＡだった」というのである。

このジャーナリストの話をかいつまんで説明すれば、現在、アメリカ国内のコカイン不足が深刻になっており、その代用品としてアメリカの密売組織が目をつけたのが、日本の覚醒剤であったらしい。

覚醒剤使用者は、極端な妄想癖、被害妄想や監視妄想がある。やはり覚醒剤で逮捕になったＡＳＫＡというミュージシャンが「警察に24時間、監視されている」と言ってニュースにもなったので覚えている人も多いだろう。

清原容疑者のような有名人が逮捕となり、大きな騒ぎになると、覚醒剤使用者の多くは「次は自分が逮捕される。警察がマークしている」という妄想が強くなる。それで著名人の逮捕直後は覚醒剤の需要が極端に落ちるらしいのだ。この組長によれば、そのだぶついた日本の覚醒剤をアメリカに持ち込め、その密輸にＣＩＡが協力すると言ってきたという。それで「清原逮捕はＣＩＡの命令だった」と疑っていたのだ。

私が直接、取材したわけではないが、この話は相当、信憑性《しんぴょう》がありそうだ。先に述べたように、ＣＩＡには国務省が管轄するＣＩＡナチス派が存在する。そのＣＩＡナチス派は長年、暴力団の一部を下請けにして非合法活動をやらせてきた。もちろん、日本の警察にも強い影響力を持っている。ＣＩＡナチス派ならば、有名人を覚醒剤で逮捕させて、だぶついた日本

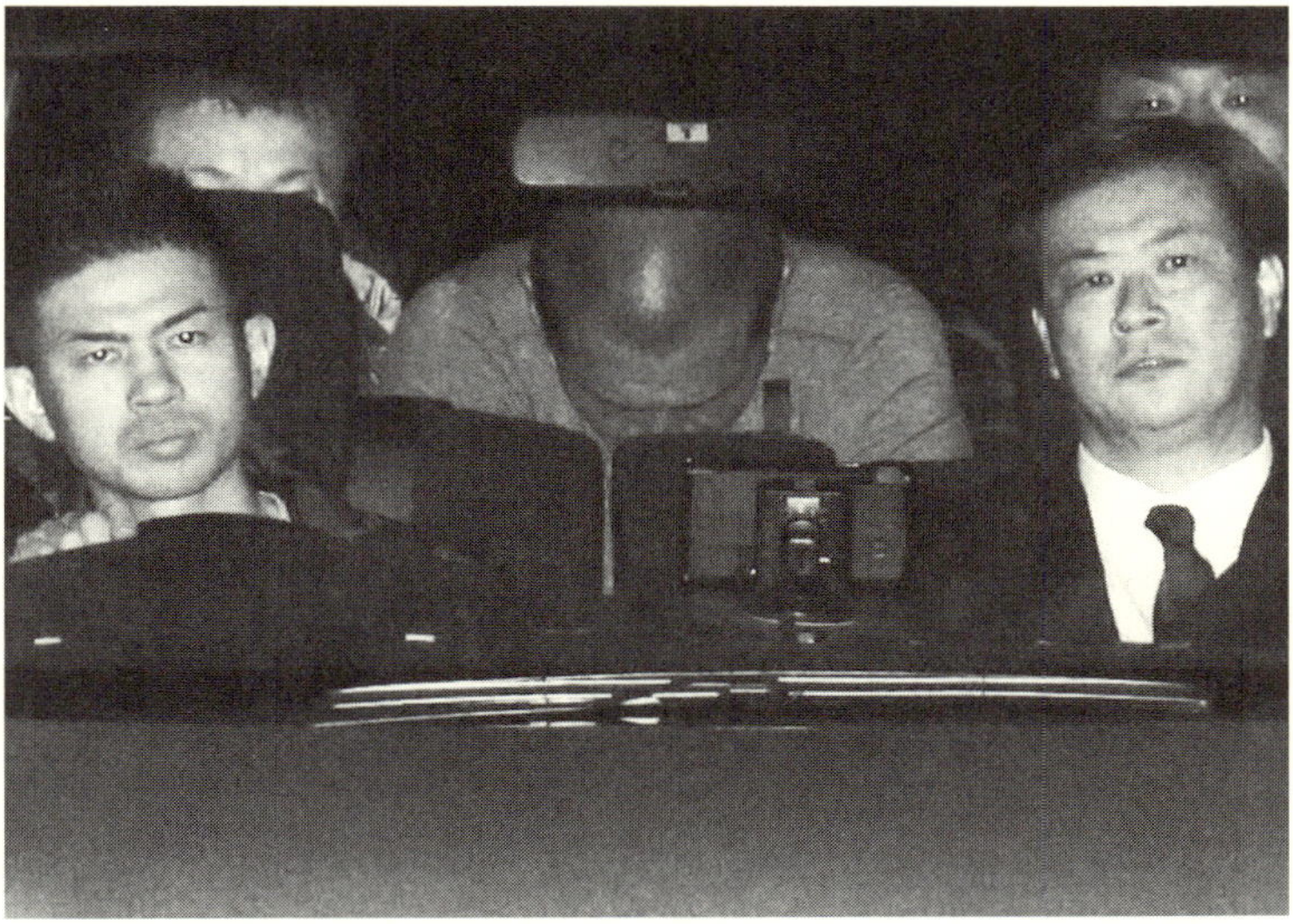

清原和博逮捕はＣＩＡの命令だった!?

2016年2月3日（写真提供：時事）

の覚醒剤をアメリカに密輸することは、十分、可能だろう。

その覚醒剤の多くは北朝鮮から供給されている。この北朝鮮も元をただせば、ナチス派の国際犯罪ネットワークの一部だ。

ナチスの勢力下になるといっても北朝鮮からアメリカへの直接輸入は案外、難しい。米軍基地があるぶん日本から持ち込むほうが簡単であったのだろう。

そういえば北朝鮮のドラッグルートを管理してきたナチス派の代理人であったリチャード・アーミテージ、マイケル・グリーンといったジャパンハンドラーたちは、この清原逮捕後、日本から消えている。

ちなみに、くだんのジャーナリスト氏は、ハリウッドスターやセレブがトランプ政権に批判的なのも、トランプの登場以来、ドラッグの供給が絶たれてしまったというドラッグ中毒者特有の「妄想」ゆえだろう、と分析していた。トランプを支持するハリウッドスターがクリント・イーストウッドというのも頷《うなず》けよう。

◆ヒラリーをどう負けさせるかが大統領選の焦点だった

いったん話を整理しよう。

選挙戦が始まったときには、アメリカ軍によって国際犯罪ネットワークのドラッグルートが壊滅、さらにダーティマネーのマネーロンダリングもパナマ文書で封じる。いうなればヒラリー・クリントンを大統領にしようと目論むナチス派勢力は、資金源を絶たれて干上がっていたわけだ。選挙戦は戦いの前に事実上、終わっていたのである。

ゆえにアメリカ軍内部で対応が分かれたのではないか。先にも紹介したように「ヒラリー・クリントンを選挙戦自体から引きずり下ろす」か「選挙戦でみっともなく惨敗させるか」で方針が錯綜《さくそう》していた。

引きずり下ろすのは難しくない。「仕込み」は終わっていたからだ。

ヒラリー・クリントン「メール事件」である。

2012年、オバマ政権時代の国務長官だったヒラリー・クリントンが、国家機密情報を私的メールで流出させていた疑惑というか、事実、やっていたわけだが、それが2015年に発覚した。韓国でも朴槿恵《パククネ》大統領に似たような事件（チェ・スンシル事件）が起こり、朴槿恵大統領は弾劾《だんがい》裁判を受けて、2017年3月10日に罷免《ひめん》、同3月31日に逮捕された。

ヒラリーの場合も選挙戦前の2015年10月には下院議会の公聴会で「国家機密は含まれていない」と抗弁した以上、3万通のメールのなかに国家機密情報が入っていた時点で逮捕となる。そこでFBI（連邦捜査局）は、いつでも捜査に乗り出す構えを見せていた。

ちなみにFBIはペンタゴン派の国家機関と言っていい。MP（ミリタリーポリス）、いわゆる軍の憲兵組織を通じて国防総省と交流が深いうえ、もともとFBI捜査官は愛国者も多い。アメリカ軍とともに反ナチス派に立ち上がった組織なのである。

合衆国憲法では起訴されて容疑者になった人物の大統領選立候補を認めていない。FBIが本格的な捜査に乗り出せば、ヒラリー・クリントンは簡単に起訴になる。選挙戦から強制排除するのはさほど難しくなかったわけだ。

しかしFBIは捜査を見送った。2016年7月5日、ジェームズ・コミーFBI長官は「刑事訴追はしない」と発言、ヒラリーは正式に民主党代表候補となる。つまり、アメリカ軍のなかには、「ヒラリーを出馬させたうえでみっともなく惨敗させる」という方針を持つグループがあったことが窺《うかが》えよう。

繰り返すが、前回の大統領選はアメリカ軍対ナチス派の戦争、いわばアメリカを二分する「内戦」だった。

選挙戦となれば、ヒラリー陣営が大手メディアをフル稼働して対立候補のネガティブキャンペーンを展開、一方でヒラリー優勢、ヒラリー当選確実という世論を形成しようとする。さらにナチス派の奥の手である「不正選挙」、票の改ざんもある。大手メディアによる世論誘導があれば不正選挙自体を隠蔽《いんぺい》できるからである。FBI捜査の見送りでヒラリー陣営は

「これで勝ちはもらった」と確信したことだろう。世界の権力者たちも「アメリカはナチス派が巻き返した」と判断する。アメリカ軍のクーデターは失敗するだろうと、再び手のひらを返す。

しかし実際には、トランプの劇的な勝利、あるいはヒラリーのありえない惨敗ぶりが、世界に大きな衝撃をともなって駆けめぐった。なにせ、開票直前までアメリカメディアは「ヒラリー勝利確実」と煽《あお》りに煽《あお》っていた。ニューズウィークなど「マダム・プレジデント」という特集号まで用意していたほどだ。6大メディアのうち、FOXだけがヒラリーに批判的だったが、そのFOXすらトランプを毛嫌いしていた。地元アメリカの大手メディアが「取材の結果」、ヒラリー有利とすれば世界中のメディアもそれに追従する。そのうえで、開票直後に「トランプの勝利」が確定するのだ。

これほどのインパクト、劇的な勝利は、そうザラにあるものではない。

その結果、大転換が起こったこと、新しい時代が到来したことを人々が納得しやすいムードを作り出したことは間違いない。アメリカ軍は、その効果を狙って、あえてヒラリーを出馬させることを選んだ、私は、そう分析する。

◆米大手メディアの嘘だらけの選挙報道

どんなにニュー・ワールド勢をスポンサーにした大手メディアがフル稼働して「ヒラリー有利」のムードを形成しようが、アメリカ軍、この場合はドナルド・トランプとなるが、その勝利は確定していたのだ。

ここも、さすが戦いのプロ、アメリカ軍である。ナチス派を兵糧攻めにしたあと、次に仕掛けていたのが「情報戦」であった。大手メディアに対抗して軍は、ネットメディアを駆使してガンガン、ヒラリー陣営を追い詰めていった。ウィキリークスを通じてメール問題の内部情報を漏洩《ろうえい》させるだけでなく、ヒラリーが国務長官時代、クリントン財団の献金者へ利益供与をしていた疑惑（これも事実だが）も報じさせた。

あと、個人的に興味深かったのは、今回の選挙ではネットが有権者に大きな影響力を持っていたことであろう。有権者たちは大手メディアの情報より「ネット」の情報を重要視していたのだ。

たとえば「DRUDGE　REPORT」（http://drudgereport.com/nosp.htm）である。

もともとアメリカの有力ニュースサイトだが、ここで大統領選の各党候補者が出揃う20

16年2月にかけて、「WHO IS YOUR PICK FOR PRESIDENT？（あなたの選ぶ大統領は？）」という大規模調査を行った。それに対してアメリカの有権者は実に約115万人が回答に参加。その結果、なんとトランプが36パーセントと圧倒的な支持で第1位になっているのだ。そしてヒラリーといえば、わずか0・88パーセント、1パーセントにも満たなかった。ヒラリー同様に0・9パーセントという惨めな結果に終わったジェフ・ブッシュは、アンケート結果が出た直後の同年2月22日に撤退している。100万人以上が回答している以上、この数値が、その時点でのアメリカの民意となる。なにより、このサイトの結果は、何千万人もがアクセスして、この結果を知り、さらに自分たちのツイッターやフェイスブックにリンクを貼り付け、より多くの人へ拡散する。当然、有権者の大半が、この大規模世論調査の結果を知る。大手メディアが「ヒラリー有利」と煽れば煽るほど、大手メディアに不信感を募らせ、いっそう、信じなくなる。ある意味、ヒラリー陣営は高い金を払って、自分のネガティブキャンペーンをやっていたようなものであろう。

選挙戦の最中、私は在米の知人から「僕の住んでいる街では、トランプの演説集会には3万人以上が集まっていたが、ヒラリーのほうは、たった1500人だった」と聞いていた。テレビメディアでは、それでもトランプの集会では、できるだけ人が少なく、逆にヒラリーの集会が盛り上がっているよう「編集」して報道する。ところが、現在のSNS（ソーシャルネットワーキングサービス）の時代では、集まった人たちが直接、スマートフォンで集会の映像を撮って公開する。私の知人のように両陣営の集会に行った人がブログやツイッターで「自分の目で見た」情報を公開したとしよう。その情報は、高い関心を持ってたくさんの多くの人に共有されて拡散していく。大手メディアの「都合よく編集した」嘘と、現場に行って直接、見て、話を聞いた「生の情報」を比べることができるのだ。どちらを信じるかは、言うまでもあるまい。

なにせ、アメリカの大統領選なのだ。しかもドナルド・トランプという「話題の候補者」が躍進、注目度は過去にないほど高かった。そこでネットの口コミ情報と大手メディアの情報が「真逆」というほど食い違えば、どうなるのか。大手メディアへの不信感もまた、過去に例がないほど高まった。その結果、大手メディアがトランプにネガティブキャンペーンを仕掛ければ仕掛けるほど「トランプ支持」は逆に高まる。ヒラリー陣営は、いわば自分たちの金を使ってトランプ人気を高めていた、そう言いたくなるほどだ。

いずれにせよ、ニュー・ワールド勢最強の武器だった大手メディアは、アメリカ軍の情報戦であっけなく無力化されていたのである。

◆ヒラリーの不正選挙を阻止した――これが真実

ヒラリー陣営、いや、ナチス派に残された武器は、もはや、不正選挙しかなくなった。この対策もぬかりはなかった。このニュースを見てほしい。

「Pentagon joins Homeland, FBI in eyeing oversight, control of elections（アメリカ軍はＦＢＩと協力して選挙の監視に乗り出す）」（ワシントンエグザミナー10月12日付）
(http://www.washingtonexaminer.com/pentagon-joins-homeland-fbi-in-eyeing-oversight-control-of-elections/article/2604367)

記事の内容は、イリノイ州とアリゾナ州の選挙システムが２０１６年5月頃、「何者か」に不正侵入されていたことを受け、ＦＢＩが捜査、さらにシステムのセキュリティ強化に向けて国土安全保障省（ＤＨＳ）が動き、米軍もまた選挙の監視に参加するという内容である。

ある意味、民主主義を国是《こくぜ》とするアメリカで「選挙」を軍が監視しなければ正しく行えないと、アメリカ政府が公式に認めたようなものだ。まったく、とんでもない話だろう。

このニュースが意味するのは、もちろん、アメリカ軍で選挙を監視する、不正選挙は絶対に許さない、という警告である。

いかに不正選挙が無効化されていたのか。その証拠となるのが、大統領選後のバラク・オバマ政権の「大統領選でロシアのハッカーによる不正な介入があった」という発言だろう。

「オバマ政権、対ロシア制裁発表へ　米大統領選への介入めぐり」
（CNN　2016年12月29日）

ロシアが米国へのサイバー攻撃で大統領選に介入したとされる問題で、米国のオバマ政権は早ければ29日中に同国への制裁措置を発表する見通しだ。この件について説明を受けた米当局者らが明らかにした。

オバマ政権は、ロシアが国家間での通常のハッキング活動を超えた情報作戦を展開していたとの見方を示し、これに見合う制裁強化や外交措置を計画しているという。

米情報当局によると、ロシアは米大統領選の民主党候補だったヒラリー・クリントン氏の選挙戦を妨害する目的で、民主党の組織や個人などから情報を盗み出していたとされる。

一方、ロシア外務省の報道官は同省の公式ウェブサイトで、米国による「新たな敵対措置」にはただちに対抗措置を取ると宣言。「ロシアのハッカー集団を取りざたするうそにはうんざりだ。オバマ政権が自らの失敗の口実にするための虚報だ」と主張した。

(http://www.cnn.co.jp/usa/35094436.html)

ようするにヒラリー陣営のハッカーが各州の選挙管理事務所に不正アクセスして票を改ざんしようとしたところ、見事に邪魔された。ここでロシアの名前が出てくるのは、純粋ないちゃもんである。

そもそもアメリカ軍がFBIと協力して「選挙を監視していた」のである。そこにロシア軍のサイバー部隊が攻撃を仕掛けたならば、真っ先にアメリカ軍が「厳重な抗議」あるいは「報復」をするはずだ。その軍が何も言わない以上、ロシアの不正介入はなかったことになる。こうなることを予想してアメリカ軍は先手を打って「軍が選挙を監視する」と、公表したと見るべきだろう。

さらに「トドメ」とばかりに投票日(2016年11月8日)の10日前となる同年10月28日、FBIが「新たなメールが見つかったことを受け、再捜査を開始する」と発表した。おそらくだが、ヒラリー陣営のハッカー部隊が票の改ざんに動いたのだろう。それをアメリカのサイバー部隊が防いだことを受け、「これ以上やれば、方針を変えて逮捕する」と、アメリカ軍が最終警告、いわば最後通牒《つうちょう》を出したと見るべきだろう。結果、ヒラリー陣営は不正選挙、ハッキングをいったん断念。これを受け、ＦＢＩは投票日2日前（同年11月6日）、「起訴しない」ことを認める。ヒラリー惨敗という当初のストーリーに戻したわけだ。

資金源を絶ち、兵糧攻めで締め上げ、最強の武器であった大手メディアを情報戦で無力化する。そのうえで最後の手段であった不正選挙は、軍自らが監視に乗りだした。まさに水も漏らさぬ包囲網を形成して大統領選の投票日を迎えたのだ。やはり、戦いのプロ集団は違う。やることが徹底している。

このアメリカ軍の「本気」を理解していれば「ヒラリー・クリントンが大統領になる可能性が0パーセント」というのは、別に難しい予測とはなるまい。むしろ、常識レベルであったのだ。ただし、ドナルド・トランプが大統領になったのは、運の要素が強い。アメリカ軍はトランプを大統領にするか、ヒラリーを降ろして別の候補を擁立するか、複数の選択肢があったはずだ。おそらく、選挙戦の最中、極秘に接触して、アメリカ軍はトランプを有能な経営者として認め、新通貨「トランプドル」の発行を任せるに値する人物と評価したのだろう。ようするに「大統領」というよりは、経済再生担当大臣として「起用」することにしたのだ。

実際、トランプは選挙中もそうだが、大統領就任後も、正直、間抜けというか、政治自体を理解していない言動が目立つ。それでも問題はないのだ。トランプに必要なのはアメリカ経済を立て直す「再建のプロ」としての能力だ。他の実務は軍の首脳が担う。新生アメリカの大統領に何より必要なのは「愛国心」である。ドナルド・トランプが、この2点において100点満点の人物なのは間違いない。

◆ナチス派のパージ＝戦犯裁判が始まる

今回の大統領選はアメリカ軍対ナチス勢力の代理戦争であった。

それをパーフェクトゲームでアメリカ軍は勝利した。これで「ナチスアメリカ」の解体は決定した。トランプ軍事政権によってアメリカは「新生アメリカ」へと生まれ変わる。

これから何が起こるのか。

その前に大統領選から大統領就任までにかけて、なぜか、ナチス派頭目たちの「みっともない」映像が、これでもか、これでもかと公開されている。

よれよれとなったパパブッシュの映像、認知症のようなベイビーブッシュ、驚くほど老け顔となったビル・クリントン、選挙戦中、はつらつとしていたヒラリー・クリントンまでが、突如、老け込み、醜い姿になっていた。また、バラク・オバマもタヒチのリゾート地で間抜けな顔をして遊びほうけている映像を喜んで公開している。

彼らは「お願いですから許してください」と懇願《こんがん》しているのかもしれない。歩くこともできないほどよれよれのおじいちゃん、おばあちゃんになりました。こんな老人を刑務所にぶち込んだり、電気椅子に掛けたりしないでください。私たちは、もはや、無力な老人なのですから、というわけだ。オバマにせよ、「僕はパペット、言われたとおり演じていただけで、これからは政治に一切、関わらず、のんびり暮らすことを誓います」とでもアピールしているのかもしれない。

いずれにせよ、これまで表に出なかった映像が出てきたのは、「時代の変革」を否《いや》が応でもイメージさせる。ここが重要なのだ。

トランプ軍事政権が、真っ先に取り組むことははっきりしている。

——ワシントンD．C．の制圧である。

ナチスアメリカの根拠地を完全にアメリカ軍の統制下に置く。とくに重要となるのが国務省であろう。すでに徹底した「ナチスパージ（排除）」が始まっている。またラングレー、ＣＩＡの本部もナチス派のパージが本格化しよう。

こうして証拠を集めたあと、当然、始まるのが「戦犯裁判」である。21世紀のニュルンベルク裁判であり、極東軍事裁判が始まるのだ。

選挙後、驚くほど老け込んだヒラリー・クリントンと、病気で余命いくばくもないと噂される夫のビル・クリントン

それをなんとか防ごうとしているのだろう。トランプ政権が指名した司法長官ジェフ・セッションズ上院議員（共和、アラバマ州選出）に対して「ＫＫＫ（クー・クラックス・クラン）と関わっている人種差別主義者、司法長官にはふさわしくない」と、罷免《ひめん》要求を繰り返している。

だが、トランプ「軍事政権」がナチス派、ニュー・ワールド勢の犯罪を裁くことを断念することはない。新時代の到来を告げる「儀式」だからである。

たしかに日本で行われた極東軍事裁判に関しては、事後法によって強引に裁いたと批判する人もいる。だが、あの裁判で旧日本軍や政権の指導者たちが罪に問われず、「自衛権内の正当行為」として許されたとしたら、日本の民主化はスムーズに進んだだろうか。軍国主義に戻ろうとする反動勢力が台頭、国内は大混乱になったかもしれない。Ａ級戦犯たちの多くが、のちに日本国内で名誉を回復されたように、やはり、新時代にスムーズに切りかえるには、一度、徹底的に旧指導者を裁く必要があるのだ。一般庶民からすれば「雲上人《うんじょうびと》」たちが、次々に裁かれる。その儀式を経て、大衆は新たな時代の到来を理解するものなのだから――。

緊急入院したよれよれのパパブッシュと、
認知症のようなベイビーブッシュ（右）
悪行の限りを尽くしたナチス派の命乞い

◆ソ連崩壊と酷似したプロセスをたどる覇権国家アメリカの解体

この「ナチス裁判」と並行して行われているのが「覇権国家アメリカの解体」である。ようするに1989年に起こった「ソ連解体」を今度はアメリカ軍主導のトランプ政権によって起こすのだ。

別に驚くことではない。20世紀型の世界秩序は、アメリカを盟主とする西側と、ソ連を盟主とする東側の両陣営で世界を二分する冷戦構造を前提としてきた。1990年代に東側が事実上、崩壊したにもかかわらず、21世紀になっても西側がそっくり残っていた。21世紀型新秩序にするには、いったん、西側も解体する必要があるのだ。

その兆候はすでに出ている。

——イギリスのEU離脱である。

2016年6月23日、イギリスはEU離脱をめぐる国民投票の結果、EUからの離脱を決定し、世界中を驚かせた。

これも「覇権国家アメリカの解体」という大きな視点で見れば、別に不思議ではなくなる。ソ連崩壊の序曲となった「ポーランド」と一緒なのである。

ソ連崩壊のプロセスは、1989年6月、ポーランドに「連帯」運動が勃発、ワルシャワパクトと呼ばれるソ連との軍事同盟から離脱したことに始まった。それが契機となり、東欧の東側諸国に波及、冷戦のシンボルとも言える「ベルリンの壁」が壊されて、ワルシャワパクトの東欧は解体されていった。そのわずか1年後、ソ連領内のウクライナなどが分離、独立。いったんは「独立国家共同体（CIS）」となりながら、これに危機感を抱いた軍によるクーデターが勃発、そのクーデターを排除したボリス・エリツィンが1991年末、ロシア連邦樹立を宣言、東側のリーダーを引きずり下ろされたあげく、ただ領土だけがバカでかい二流国家へと堕《だ》していく。

これからアメリカを中心とした旧西側諸国でも、これと同じプロセスが起こるのだ。その視点で見れば、イギリスのEU離脱が東側解体におけるポーランドの役割を果たしていることが理解できよう。当然、次に起こるのはEUの解体となる。東側のワルシャワ軍事同盟が解体になったように、NATO（北大西洋条約機構）も解体へと向かうだろう。このEU解体については、第5章で詳しく述べていく。

EU崩壊後、今度はソ連が分離独立してCISとなったように、「覇権国家アメリカ」も解体へと向かう。アメリカと軍事同盟を結んでいた世界中の国と地域で分離独立の動きが出る。2017年3月10日、朴槿恵大統領の弾劾裁判を決定した韓国なども、その流れのひとつだろう。

その次は戦後、アメリカが主導して設立した国際機関となる。国連（国際連合）、IMF（国際通貨基金）、世界銀行、国際司法裁判所などは、「覇権国家アメリカ」における「領土」と言っていい。ここが分離、独立して新しい国際機関へと移る。これが「覇権国家アメリカの解体」の真意なのだ。それをトランプ「軍事政権」は、自らの手で行おうとしている。もちろん反発は大きいだろう。抵抗勢力の妨害も激しくなる。それゆえに「軍事政権」になっているのだ。

ようするに覇権国家アメリカの解体とは、「株式会社USA」の「倒産」なのだ。アメリカ軍が、ドナルド・トランプを大統領に担いだのも、有能な経営者という点を重要視したからであろう。

◆新生アメリカは普通の超大国になる

覇権国家アメリカの解体後、新生アメリカは、どんな国家となるのか。エリツィンのロシア連邦のように図体だけ大きい二流国家に堕してしまうのか。

もちろん、そんなことはない。

普通の超大国へと生まれ変わるはずだ。

そもそもアメリカは「神に祝福された国土」と呼ばれるほど、自然環境に非常に恵まれている。普通に国家運営するだけで超大国になりえる。

世界地図が手元にあるならば北米大陸を見てほしい。北米大陸は、巨大な「島」なのだ。地政学的に言えばアメリカは大陸国家を内在した「海洋国家」と言っていい。イギリスのように狭いドーバー海峡で大陸と結ばれているわけではない。

北は北極の氷河と、緩衝《かんしょう》地帯となるカナダがあり、南はやはりメキシコ湾とメキシコが控える。東は大西洋、西は広大な太平洋が存在する。世界中の軍隊を集めても攻め込むことができない、難攻不落の要塞《ようさい》が北米大陸なのである。

しかも資源は豊富で食糧生産もすさまじい。テキサスとカリフォルニアの油田、メサビ、ビンガムの鉱山、アパラチアの炭田、レアアースを含めて必要な物資が何でも揃う。

食糧生産においては、アメリカ中部砂漠地帯には巨大な地下水源であるオガララ帯水層がある。肥料となるリン鉱石もたくさんとれる。水があり、肥料があれば、砂漠地帯は簡単に農地となってたくさんの穀物が収穫できる。現在、食糧輸出国であるように、3億人の人口が倍になっても十分、食糧を自給できるだけの大地があるのだ。

アメリカのすごさは、それだけではない。本来、広大な大陸は中央部が乾燥地帯となる。

ところがアメリカは、北部中央部に五大湖が存在するために、このエリアが、とても豊かな環境となっている。北米の地中海と呼ばれるように、五大湖は内海と一緒なので沿岸部は水運によって重工業が発達した。豊かな水で農業地帯や大都市もできた。普通なら砂漠となって何もない場所が、地中海沿岸部のように発達したのだ。

もちろん、東の大西洋沿岸部にはヨーロッパ向けの産業が集まり、西の太平洋側は日本やアジア向けの産業が集まった。さらに巨大なミシシッピ川が、まるで運河のように北部エリアと南部エリアを結びつけ、メキシコ湾へと注ぎ込んでいる。

東部、西部、南部、北部すべてにG７級のポテンシャルがあり、そんな先進国が四つ集まってできているのがアメリカ合衆国なのである。

しかも、これだけ広大な国土でありながら国防をほとんど考えなくていい。

まず隣接するカナダとメキシコも事実上、属国化して力で従えている。

アメリカが「鎖国」した場合、必要な防衛力は現在の自衛隊程度でも実は十分なのだ。

前章でも述べたアメリカ軍の「公的機関直轄《ちょっかつ》軍」構想が可能なのも、その大半の兵力が国土防衛に必要なく、すべて公的機関直轄軍として貸し出せるからだ。この計画が稼働すれば、アメリカ軍は自分で自分の食い扶持《ぶち》を稼ぐことが可能となるわけだ。

◆トランプドルを額面50パーセント切り下げる可能性

そこに「トランプドル」である。ＦＲＢを国有化、政府紙幣を発行したとすれば、アメリカ経済は、即座に回復することだろう。それでＦＲＢに対する連邦政府の借金も消滅する。

トランプドルは既存ドルとの交換比率として、おそらく2分の1切り下げて発行される。50パーセントのディスカウントにするわけだ。富裕層が国内に溜め込んだ「富」は2分の1に減る。トランプが大統領選から一貫して富裕層に負担を強いると言ってきたのは税制だけではなく、この新通貨交換比率と考えれば、すっきりしよう。

トランプ政権が狙っているのは、いわば「株式会社ＵＳＡ」の計画倒産なのだ。これでワシントンＤ．Ｃ．が勝手に発行してきたドルという「社債」から離脱する。社債という借金ではなく、「紙幣」という富を刷ることができるのだ。「トランプドル」で買い取ってしまえばいいからだ。

またトランプドルは、国際基軸通貨ではなく、アメリカ国内の通貨となる。つまり、円、元、ポンドと一緒と思えばいい。つまり、アメリカの経済力に応じて価値が変動する。

これでアメリカ政府はまともな経済対策が可能となる。逆に言えばＦＲＢによってアメリカは有効な経済政策を行えなかったのだ。

たとえば日本で年収500万円の人がいたとしよう。ドルベースで見れば1ドル250円ならば2万ドルで国際的には低収入になる。逆に1ドル50円ならば10万ドルと高収入となる。でも現実の生活水準は、500万円でそれほど変わるまい。日常生活は円を使うので国内の景気とリンクするからだ。

ところがアメリカの場合、年収5万ドルで500万円相当が、為替の変動によっては実質200万円になったり、1000万円になったりしてきたのだ。為替の変動の影響をもろに受けるだけでなく、不景気でも景気がよく見えてしまう。

メリットはそれだけではない。トランプドルが既存ドルの2分の1へと切り下げられたとすれば、円ベースでみればトランプドルは「円高」へと振れる。1トランプドルは60円前後となり、ハイパー円高となる。これは中国の元も同様だ。トランプ政権は「中国製品に対して40パーセントの関税をかける」と発言している。実際に報復関税をかければ、自由貿易が損なわれる。それでは戦後のアルゼンチンのように衰退する。第2次世界大戦後、世界有数の富裕国だったアルゼンチンは強力な保護貿易を展開した結果、国家破産という「アルゼンチンタンゴ」を踊るはめになった。

有能な経営者であるトランプは、そんな愚を犯すまい。

関税ではなく、トランプドル発行で通貨を切り下げる。これで輸入する中国製品は、事実上、50パーセント値上がりする。アメリカ国内での競争力は落ちる。一方でアメリカの賃金も下がり、アメリカ国内で製造しても価格競争力がつく。アメリカ資本の企業のみならず世界中の企業がアメリカ国内で製造拠点を持つはずだ。むしろ、アメリカに輸出してきた中国資本が積極的にアメリカに工場を作ることになろう。

さらに輸出ドライブもかかる。たとえばアメリカの日系自動車メーカーは、日本に輸出できるようになる。同じトヨタ車でもアメリカ製のほうが安くなるからである。トランプが、やたらと日本の自動車メーカーに文句をつけ、日本にアメリカ車の輸入をするよう騒いでいるのも、その布石《ふせき》と思えば納得がいこう。

しかも事実上、ドル安になるのだから観光客も殺到する。

なによりアメリカはエネルギー、資源、食糧を自給できる。これらを輸入に頼る日本は、円安になると輸出ドライブがかかる一方、エネルギー、資源、食糧が値上がりして庶民の生活に打撃を与える。アメリカは通貨安のデメリットを最小限に押さえることができるのだ。ようするに巨大な軍事組織、国際基軸通貨ドルというアメリカ経済を崩壊させてきた要因が、新生アメリカになれば、すべて解決するのだ。まさに「黄金の20年代」（ゴールデン・トゥエンティ）と呼ばれ、繁栄を極めた1920年代の状況と一緒となる。これで経済が回復しないわけはない。それどころか、黄金の20年代以上に発展することだろう。

私はペンタゴンの関係者から「新時代が来れば、アメリカ軍が保有する6000以上のパテント（特許）を公開してもいい」と聞いている。

アメリカ軍が保有するパテントは多岐にわたる。それを軍事機密として公開していなかった。この軍事機密によってアメリカ企業は弱体化していた。その枷《かせ》がなくなれば、アメリカ軍初の新商品が、続々とアメリカ企業から登場することになろう。

トランプドル発行が実現すれば、10年以内にアメリカは世界一、豊かな国へと変貌する。今のアメリカのように軍事力と金融ビジネスだけが突出し、国民の大半が貧困に喘《あえ》ぐような歪《いびつ》な「超大国」ではなく、3億人の国民が豊かな生活を享受する「普通の超大国」へと変貌する。

それは世界にとって悪い話ではない。

覇権国家アメリカが作った莫大な借金は、たとえニュー・ワールド勢による搾取であり、ドル支配システムが原因だったとしても、やはり、新生アメリカが中心となって返済しなければならない。新生アメリカが躍進すれば、その返済もスムーズになる。その資金は世界へと還元される。世界経済自体がよりよい発展へと向かうはずだ。

だからこそ、と言っていいだろう。

覇権国家アメリカを解体した後に登場する新生アメリカは、まったく別の国家となる。構造的に双子の赤字を抱え、その借金を軍事力で踏み倒す「ならず者国家」ではなく、これから始まるニュー・エイジ体制の中心的国家のひとつへと生まれ変わる。

新生アメリカになれば、21世紀型新秩序の構築で主導権を握るべく、水面下で激しく策動することになろう。

それは、いったい、何なのか。

その「答え」が、本章の冒頭で述べた「白人男性主体の閣僚メンバー」にある。トランプ政権はアングロサクソン、ヨーロッパ系の白人男性中心政権を作った。

なぜ、トランプ政権は露骨なほどに中心閣僚を「白人」で固めたのか。また、国際世論が猛反発することを知りながら、イスラム教徒の入国に制限をかけたのか。

もっと言えば中国との関係を悪化させる一方、大統領選で見せたようにロシア、とくにロシア軍との密接な関係を築いている。

これらのアメリカ軍の動きを分析していくと、トランプ政権のとんでもない狙いが浮かび上がってくるのだ。

驚かないで聞いてほしい。

——ロシアとヨーロッパとの連合国家構想、である。

トランプ政権を主導するアメリカ軍は、ロシア軍との軍事同盟のみならず、さらに関係を発展させて連合国家まで視野に入れているようなのだ。

それが「キリスト教諸国連合」である。

こんな「とんでもない」プランが果たして実現するのか。次章、詳しく見ていきたい。

第4章 暗躍するロシア

驚愕の「キリスト教諸国連合」構想

◆アメリカとロシアが手を結ぶ

「トランプ政権は反中親露路線となる」

相変わらず大手メディアの論調には酷《ひど》いモノがある。「とにかくオバマの反対路線がしたいだけ。実に浅はか」やら、「ロシアはアメリカにとって不倶戴天《ふぐたいてん》の敵。長年、良好な関係を続けてきた中国との対立はアメリカの国益に反する」と、政権批判を繰り返している。批評や論評になっていないのは、そこに「なぜ」という視点が欠けているからだ。

なぜ、トランプ政権はロシアに接近しているのか――。

たしかにトランプ政権はアメリカ国内の製造業復活を目指している。そこで中国製品を閉め出すべく、中国製品に高い関税をかけ、さらに知的所有権、特許紛争を仕掛けようとしている。そのためにロシアに接近することで中国を牽制《けんせい》したいという思惑も見える。

だが、その見方は表面的すぎる。トランプ政権の狙いを正確に理解するには、本書のテーマである「ニュー・エイジ体制」という視点が不可欠なのだ。

20世紀型の世界秩序が終焉し、21世紀型世界秩序構築に向けて、スーパーパワー（大国）が主導権をめぐって激しく争っている――。

この視点があれば、アメリカの突然とも言える路線転換の理由が浮かんでくる。

トランプ政権、正確に言えばアメリカ軍が主導するトランプ軍事政権は、この反中親露路線以外にも大きな方針転換を打ち出している。

TPP（環太平洋パートナーシップ協定）と二酸化炭素排出量の国際取り決めであった「パリ協定」の白紙撤回である。

オバマ政権、ようするにナチスアメリカがTPPを推進してきた理由は簡単であろう。日本の金融資産500兆円とオーストラリアの資源を根こそぎ奪い、その「富」をもってナチスアメリカ体制の延命を図《はか》ろうとしていたのだ。その意味でオバマ政権が主導してきたTPP破棄は日本にとって喜ばしい話となる。

ただし、アメリカの太平洋権益確保に日本とオーストラリアは不可欠な存在のはずだ。パートナーとしてはベストと言っていい。たとえオバマ主導のTPPを破棄しようとも、別の枠組みでTPPを再構築しても不思議はなかった。

それなのにアメリカは、なぜ、こうもあっさりTPPを捨てたのか。

パリ協定も同様である。第2章で説明したように、パリ協定は単なる「主要国の二酸化炭素排出量の枠組み」ではない。国際金融を司《つかさど》るロスチャイルド家が提案した「ドルに代わる国際基軸通貨」の議決権なのだ。

パリ協定で明記された二酸化炭素排出量の割合は、中国20パーセント、アメリカ18パーセント、ＥＵ12パーセント、ロシア８パーセント、インドと日本が４パーセントとなっている。

この比率は、ほぼ２０１６年時点における世界経済に対する各国の実体経済の割合に匹敵する。実体経済力のみならず、資源や軍事力を加えた総合的な「国力」として見た場合、かなり正確な順位になっているのは間違いない。だからこそ合意に至ったのだ。

この構想は、まず20世紀型世界秩序、ドル支配システムのために設立した「ＩＭＦ（国際通貨基金）」「世界銀行」を発展解消して、新しい国際金融機関を設立する。いうなればＦＲＢの国際版である。その「国際ＦＲＢ」で新たな国際基軸通貨「国際ドル」を発行する。当然、発行量や各国通貨との交換比率を決める必要が出てくる。ＦＲＢの場合、各銀行が用意した金（ゴールド）の拠出量が議決権となった。それと同様に各国の実体経済力（国力）を新ＦＲＢの議決権にしたわけだ。なかなかよくできたスキームであり、さすがロスチャイルドといったところだろう。しかも、それをパリで開催した「ＣＯＰ21」（気候変動枠組条約締約国会議）を隠れ蓑《みの》にした点も上手《うま》い。二酸化炭素排出量はエネルギー消費と直結する。先進国とは、ようするに、エネルギーと資源を大量に消費する国家を意味する。たとえば中国は、21世紀のわずか３年で、アメリカが20世紀中に使用したコンクリートを消費している。これだけでも中国の経済力が理解できよう。

言うまでもなくトランプ政権がパリ協定を破棄すれば、ドルに代わる新基軸通貨発行という国際プロジェクトから離脱したのも同然となる。トランプ政権が狙う「トランプドル」は国内通貨である。アメリカにとってもパリ協定に基づく「国際ドル」の存在は不可欠のはず。しかもパリ協定は、比較的アメリカを優遇した枠組みになっていた。

ここでニュー・エイジの本質を思い出してほしい。

ニュー・エイジになれば、東洋文明と西洋文明の「融和」の時代となる。西洋文明を再構築しようとする新生アメリカにすれば、何もいきなり単一の「国際基軸通貨」にこだわる必要はない。むしろ、西洋文明の基軸通貨を作ろう、という発想は決しておかしくない。

その視点に立てば、「ロシア」との接近も納得がいこう。

前章で述べたように、アメリカ軍とロシアは前回の大統領選を通じて信頼関係を築いていた。となれば、答えはすぐに出てくる。

アメリカ軍主導の新生アメリカは、そのパートナーに「ロシア」を選んだのである。

問題は、本当にロシアはアメリカと組むのか、という点にある。

私は十分、可能性があると分析している。

2015年夏以降、アメリカ軍とロシアの一連の動きは、明らかにアメリカとロシアが同盟を組む方向で進んでいるからである。

いや、可能性で言うならば、同盟以上の関係になっても不思議はない。

ここで、もう一度、断言しておこう。

新生アメリカとロシア、さらにヨーロッパ主要国が中心となって「西洋文明」全体の「国家連合」まで構想している——と。

◆プーチンは複数人いる

アメリカとロシアが国家連合を組む。まさに驚天動地《きょうてんどうち》な仰天《ぎょうてん》プランではないか。

国際情勢に詳しい人ならば、ロシアはアメリカと組むより、BRICSで協調路線を歩んでいた中国と組む可能性が高いと考えることだろう。

それでも私は、ロシアは中国ではなくアメリカを選ぶと分析する。

理由はロシアの国内事情にある。それを説明する前に一つ、質問をしよう。

「ロシアの権力者は誰か？」

誰もが即座にウラジーミル・プーチンと答えるはずだ。

間違いではないが、実は正しくもない。

なぜなら「ロシアの独裁的権力者」の別名が「プーチン」だからである。どういうことか説明しよう。ロシアの独裁的権力は一種の役割なのだ。それで21世紀のロシアは、その権力者に「プーチン」という名前を付けているに過ぎないからである。

たとえば動物が主役の映画やドラマがあろう。近年で言えばリチャード・ギアが主演したハリウッド映画で、日本の忠犬ハチ公をモチーフにした「ＨＡＣＨＩ　約束の犬」（２００９年）があった。動物を起用すれば、人間のように一人が演じるわけではなく、よく似た犬を何頭も用意して撮影する。兄弟であったり、血統が近かったりすれば、素人目にはわからないぐらい似ている。出演した犬は、すべて「ＨＡＣＨＩ」となる。

ロシアの権力者「プーチン」もこれと一緒なのである。ロシアの強勢期に登場する圧倒的な独裁権力者は、基本的に「プーチン」タイプと言っていい。違いは名前だけ。姿形、言動は実によく似ている。

そのためだろう。プーチンには、こんな「都市伝説」が存在する。

一つは「プーチンには複数の影武者がおり、ときおり、その影武者が暗殺されて入れ替わる。今のプーチンは5号が務めている」。

もう一つが「プーチンは不死。実はロシアでは４００年前からプーチンの存在が確認されており、いつの時代にもプーチンが暗躍している」。

最初のエピソードは都市伝説ではなく「事実」に近い。実際、プーチンには耳の形から数人の影武者の存在が確認されており、２０１５年、そのうちの一人が暗殺されたらしく、その耳の形をした「プーチン」がいなくなった。

本来、影武者は「本物」に対する「偽物」だ。ところが「プーチン」が独裁者を演じている俳優とするならば、本物にこだわる必要はないことになる。モデルとなった本物はいたとしても別の本物にこだわる必然性はない。なにより、プーチンの元妻は、ドイツメディアに「すでにプーチンは死んでいる」とインタビューで答えているのだ。つまり、モデルとなった「本物」もいなくなっている可能性は高い。

ゆえに独裁権力者「プーチン」は最強なのだ。本物の独裁権力者ならば暗殺に成功すれば、その国家は混乱に陥る。だから影武者を用意する。

ところが「プーチン」は違う。敵対勢力が必死に「暗殺」をしたところで、翌日には「プーチン」が元気な姿で登場するのだ。深刻な病気になっても関係ない。代替わりすればいいだけのこと。非常に良く出来たシステムと言いたくなろう。

この「プーチンシステム」がロシアの伝統的な権力構造になっていることを示している。私見だが、おそらくロシア人は文化的、民族的にプーチン的な独裁権力者と相性がいいのではないか。

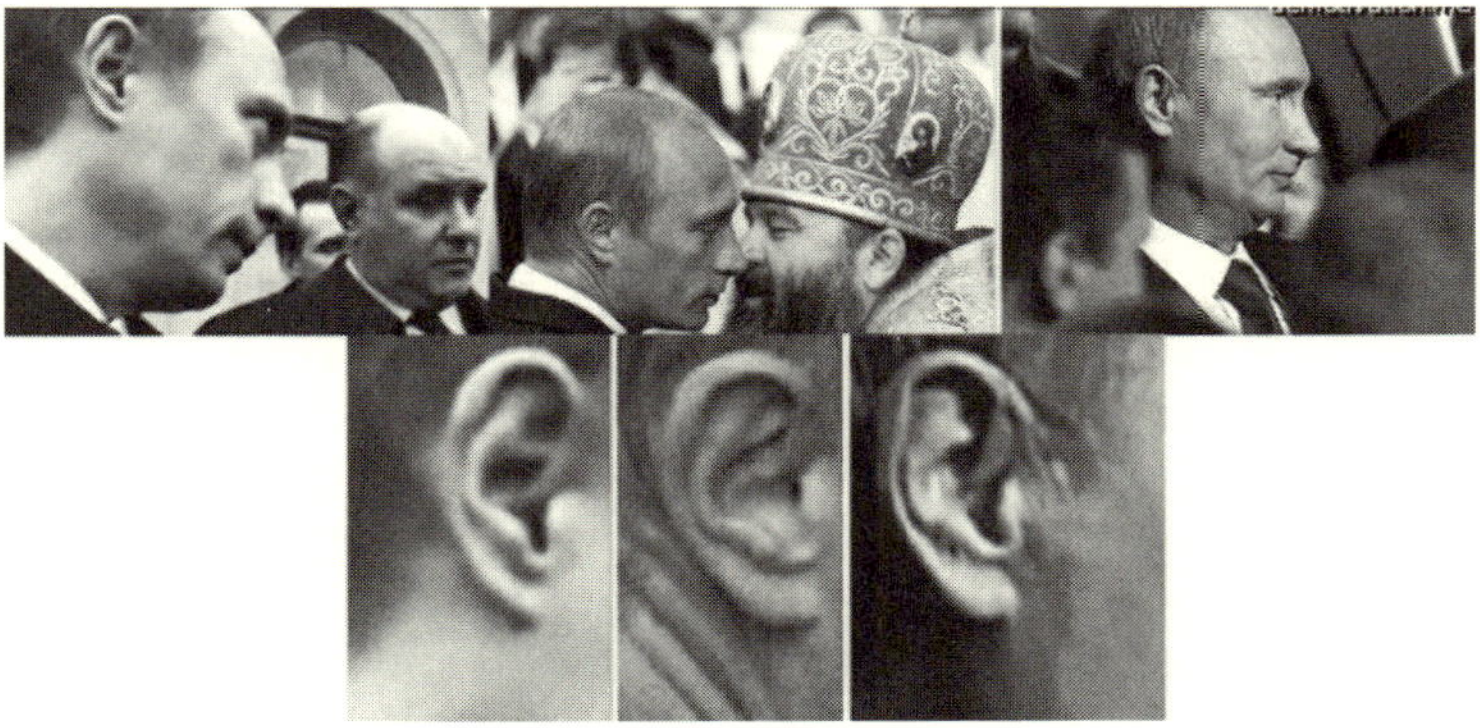

プーチンは複数人いる

上は、ロシアのサイトで指摘されたプーチンの耳の形の違いを示す画像。プーチンの元妻は、ドイツのメディアに「すでに私の夫だったプーチンは死んでいる」と答えている。

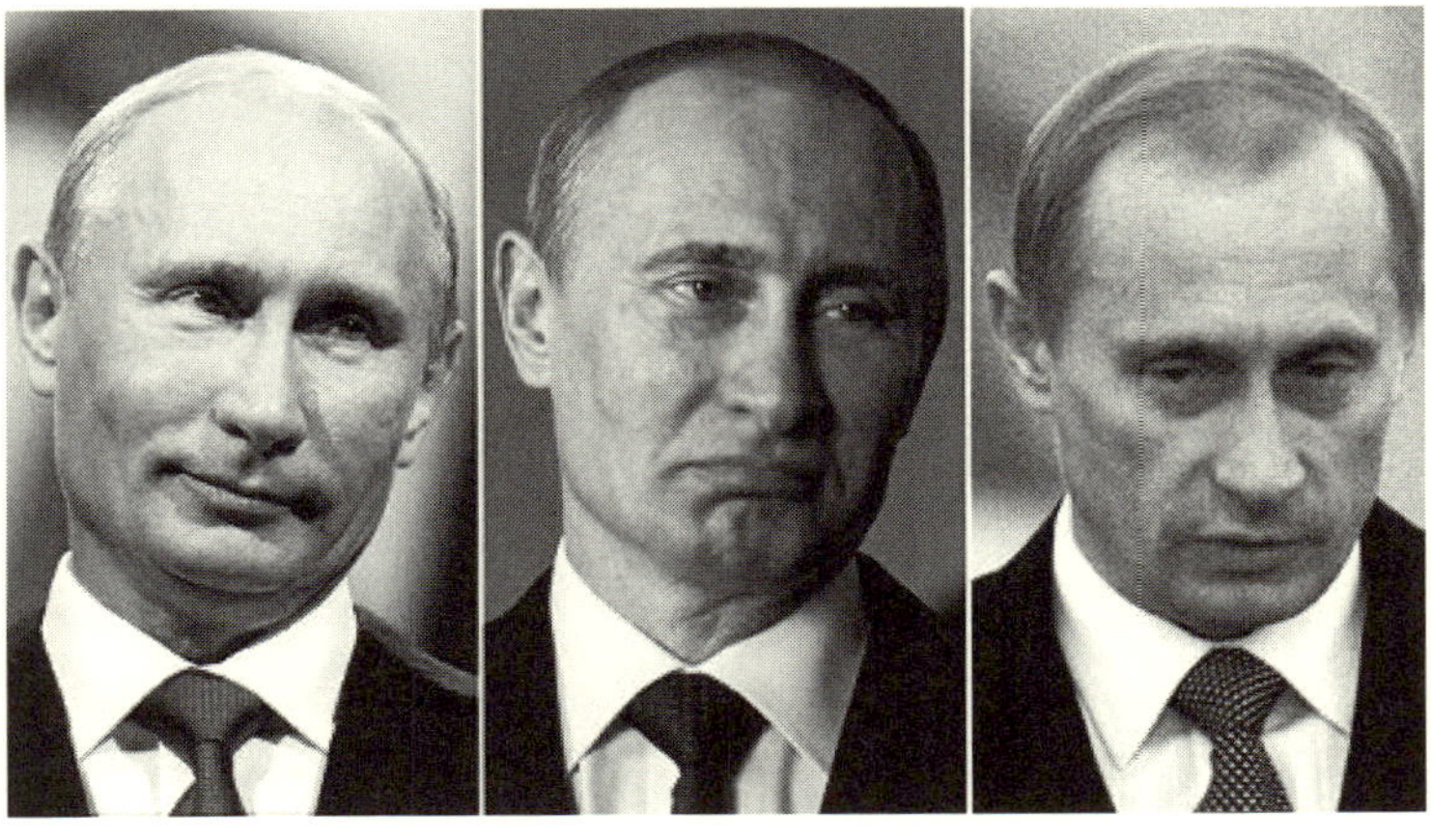

事実、ロシアの基盤を築いたイワン雷帝《らいてい》、ロシアを大国にしたピョートル大帝にせよ、顔や形、言動さえも実にプーチン的だ。逆に西側諸国で受けのいいゴルバチョフやエリツィンはロシア人から人気がない。プーチン的な権力者のもとでロシア国民はまとまり、かつ、国家は躍進する。これがロシア伝統の支配システムになっているのだ。

◆地獄だったソ連崩壊後のロシア

もうおわかりだろう。

ロシアを考えるうえで表面的な独裁権力者である「プーチン」は考慮する必要はないのだ。重要なのは、そのプーチンを演じさせている本当の支配層となる。

いったい、誰なのか？

私はロシア情報もまた、複数の情報源（ソース）から分析している。一つはロシアのジャーナリスト、もう一つがFSB（ロシア連邦保安庁）のエージェントである。

これら情報源から「プーチン」が絶対的な権力者でないと聞いていた。それで誰が本当の権力者なのか、と質問すると、こちらも答えは一致していた。

――ロシア正教、である。

プーチンが絶対権力を握った2003年以降、実はロシアの支配権力を握っていたのはロシア正教であったというのだ。ロシア正教会がバックにいるからこそプーチンは権力者として豪腕を揮《ふる》えたのだ、と。

プーチンが君臨してきたロシアの実相は、いわば「ロシア正教国家」であったのだ。

ここを理解していないから「プーチン」の言動に一喜一憂することになる。プーチンの言動や思惑をいくら考えても意味はない。ロシア情勢を見るうえで重要なのは、ロシア正教の思惑であり、動きなのである。

こうした認識のズレが起きるのは「ソ連崩壊」について間違った認識をしている人が多いからであろう。

多くの日本人はソ連崩壊が「ロシアにとってよかった」と考えている。ソ連時代に比べて、言論、結社、思想（宗教）の自由が保障され、努力すれば報われる民主的な制度になった。結果的に見れば、ソ連崩壊はロシアの国民にとって良かったはずである、と。

たしかに日本の場合、アメリカの戦後政策は、多くの問題をはらんでいたとはいえ、歴史的に見ても公平で良心的だった。

ところがソ連崩壊は、非常に悪質で無茶苦茶であったのだ。

第3章でも述べたが、ソ連崩壊はニュー・ワールド勢によるロシアのエネルギー利権奪取を目的に、強引にソ連を解体したものだ。その結果、徹底的な奪取、搾取《さくしゅ》が行われた。

この「ソ連崩壊計画」の手口は実に悪辣《あくらつ》だった。当時、ソ連経済は石油輸出に依存していた。そこでサウジアラビアなどエネルギーマフィアが、まず中東産油国に増産を命じ、原油価格を「水」なみに下げてしまう。これでソ連経済が疲弊したところに、レーガン政権にロックフェラーらニュー・ワールド勢アメリカ派が「スターウォーズ計画」を推進させて、さらなる軍拡競争に巻き込む。ここでパパブッシュらナチス派が暗躍する。パパブッシュは共産党幹部300人を協力者に仕立て上げ、ソ連を潰した。この協力者たちは、その後、ロシアンマフィアに鞍替《くらが》えし、ニュー・ワールド勢の一味に加わった。そうしてオリガルヒと呼ばれる新興財閥を形成する。いずれにせよ、ナチスの頭目《とうもく》が認める連中である。悪辣な犯罪者かつ卑劣な人格の持ち主であったのは間違いない。国を滅ぼし、戦争に負けた責任を取り、処罰や処刑されるべき人間が、ソ連崩壊後、むしろ、肥太《こえぶと》っていったのだ。

一方、ソ連時代を文字通り命懸けで支えてきた軍人や官僚は職を奪われ、タクシーの運転手や日雇い労働者に落ちぶれていった。あの当時、高級軍人や高級官僚の妻や娘が売春をして生活するのも珍しくなかった。この悲惨な現状を現場で目《ま》の当たりにしたのが、現在のアメリカ軍の高級軍人たちなのだ。当時、彼らは30代前後の下士官である。

高級軍人や官僚でさえ、そんな状況なのだ。一般国民はもっと悲惨なことになる。ニュー・ワールド勢の犯罪ネットワークに参加したオリガルヒによって徹底的な搾取を受けた。しかも文句を言おうものならロシアンマフィアたちによる血の制裁が待っている。

ソ連時代以上の地獄になっていたのだ。

オリガルヒは欧米資本を導入しながら多くのエネルギー資源を開発してきた。その恩恵がロシア国民に与えられることはない。逆に市場を独占したことでバカ高い値段をつけて石油やガス、食糧を庶民に売りつける。ロシアの冬は過酷だ。庶民は高すぎるエネルギーや食料品を買えずに凍死や餓死者が相次ぐ。オリガルヒはロシア人の生き血を啜《すす》りながら暴利を貪《むさぼ》り、その利益の大半は欧米の投資家へと「上納金」として渡す……。それがソ連崩壊後、ニュー・ワールド勢に占領統治されたロシア連邦の実態なのである。

当時のロシアがいかに酷かったのか、戦後の日本に置き換えればよくわかるだろう。

極東国際軍事裁判が行われなかったとしよう。死刑に処すべきとされた「戦犯」たちが罪に問われないどころか、占領軍（ＧＨＱ）から認められて財閥を乗っ取る。戦犯たちは裏で暴力団を組織して、欧米向けの工場を作り、そこで国民を安い給料で休みなく働かせる。ようするに「超ブラック企業」だ。庶民は次々と過労死する。文句を言えば暴力団によって殴られ、見せしめに殺される。戦時中、国を支えてきた有能な軍人、官僚、科学者たちは何の保障もなく見捨てられる。生活苦で一切合切を売り、生きていくために妻や娘が売春婦になる。

そんな状況に陥ったにもかかわらず、「日本はファシストたちに解放されて良かったですね」「自由と民主主義の国になれて嬉しいでしょう」と言われたら、あなたはどう思うだろうか。大半の日本人はいろんな不自由があっても昔のほうが良かったと言うはずだ。これに比べれば日本の占領政策は公平で良心的であったのだ。

◆ロシアを復活させたプーチンの手腕

ニュー・ワールド勢によって地獄と化した当時のロシアを救うのが「ロシア正教」となる。強奪、搾取が目的でも建前上、ロシアの民主化も進められた。社会主義時代、「宗教は麻薬」として禁じられたロシア正教は、宗教組織ではなく「伝統文化」として活動していた。それが信教の自由によって宗教組織として復活したのだ。

荒廃したロシアでロシア正教の果たした役割は本当に大きかった。地獄のような悲惨な生活に苦しむ国民の心を宗教で癒《いや》す一方で、食べ物、住む場所を用意し、必死になって貧しい人たちの救済にあたった。その資金として教会の財産を売り払うこともいとわなかったという。

旧ソ連時代のロシア人たちは、どんなに不自由であろうとも大国アメリカと渡りあえるのは自分たちだけであり、我々は社会主義の盟主という自負で耐えてきた。その矜持《きょうじ》がソ連解体で踏みにじられたうえ、ニュー・ワールド勢の奴隷に落とされたのだ。もし、ロシア正教による救済がなければ、多くのロシア人の心は押しつぶされて、もっと悲惨な状況になっていたことだろう。それを救った「ロシア正教」にロシア人たちは、非常に感謝している。それでロシア正教を心のよりどころに一致団結していったのだ。

愛すべき国民を地獄に落としたニュー・ワールド勢をロシア正教は許さなかった。そこでロシア復活をかけて、ひとりの「独裁権力者」を登場させた。

もはや、説明はいるまい。

——「ウラジーミル・プーチン」である。

先ほども説明したように、プーチンの造形は、ロシア人の心をつかんで国民が団結しやすいキャラクターとなっている。ゆえに相当な無茶をしても国民の支持は落ちない。いくらでも強硬な手段が取れるのだ。なにより国民の絶大な支持を集めるロシア正教が後ろ楯になっている。ロシア正教の支持を武器にしてプーチンはロシア復活を図《はか》る。

真っ先に打倒すべきは、いうまでもなくオリガルヒとなる。国を滅ぼした後、ニュー・ワールド勢の犯罪組織に加担してロシアの富を売り渡す売国奴たちである。政権を握ったプーチンは、パパブッシュの協力者であったオリガルヒ300人のうち、旧KGBのエージェントを再結集させることで200人を暗殺ないし、逮捕拘留した。それを支援してきたのがロシア正教なのだ。

こうしてオリガルヒを叩き出し、エネルギー資源をロシアに戻した。さらにニュー・ワールド勢によって作られたロシアメディアも完全に潰していく。オリガルヒを打倒する返す刀でプーチンは欧米メディアの傘下《さんか》となっていたロシアメディアも徹底的に潰した。欧米メディアはプーチンを盛んに非難し、「ジャーナリスト殺し」のレッテルまで貼った。しかし、ロシア国民は、プーチンの行動を支持、欧米メディアの批判を無視する。

当たり前である。当時のロシアメディアやジャーナリストは、地獄のようなロシアの状況を「素晴らしい民主国家になった」と喧伝《けんでん》していた連中である。

こうしてロシアはプーチン、正確に言えばロシア正教によって復活する。

オリガルヒによって搾取されていたエネルギー資源を取り戻したことでロシア国民の生活水準はよくなった。ひとり当たりの国民所得が一気に5倍になったぐらいだ。どれほど搾取されていたのかが窺《うかが》えよう。

◆歴史的な東西教会の和解

さて、ロシアは「ロシア正教国家」である。この視点が重要となる。そのロシア正教に2016年、歴史的な動きがあった。この記事を見てほしい。


「教皇、ロシア正教会のキリル総主教と歴史的会見」

（バチカン放送局／2016年2月13日）

教皇フランシスコは、2月12日、キューバでロシア正教会のキリル総主教と初めての会見を行なった。

同日、メキシコ司牧訪問に出発した教皇フランシスコは、同国入りする前に、キューバに立ち寄られ、ハバナのホセ・マルティ国際空港でキリル・モスクワおよび全ロシア総主教との出会いを持った。

キリル総主教は、南米を歴訪中で、この日キューバを訪れていた。

教皇とキリル総主教は互いに歩み寄り、歴史的な抱擁を交わし、およそ2時間にわたる個人会談を持った。

会談後、贈り物の交換が行なわれ、教皇からは聖チリロの聖遺物とカリス（ミサ聖祭用の杯）が、総主教からはイコン「カザンの聖母」の複製が贈られた。

続いて、教皇と総主教は、教皇庁・キリスト教一致推進評議会議長クルト・コッホ枢機卿、モスクワ総主教庁・渉外局長イラリオン府主教、そして、キューバのラウル・カストロ国家評議会議長が見守る中、共同宣言に署名を行なった。

１０５４年、キリスト教教会は、東西の教会に分裂している。カトリック教会とロシア正教会の両最高指導者の出会いは、初めてのことであり、両教会の関係発展において大きな意味を持つものとなる。

第２バチカン公会議と、１９６４年の教皇パウロ６世とコンスタンティノポリ総主教のアテナゴラスによる歴史的会談後、「１０５４年の相互破門の解消」が行われたことで、カトリック教会と正教会の関係再構築の歩みが徐々に始まった。

しかし、カトリック教会とコンスタンティノポリ総主教庁や他の多くの正教会との対話が進む中で、モスクワ総主教庁との関係は停滞がちであった。

教皇ヨハネ・パウロ2世は当時のモスクワ総主教アレクシイ2世との会見を試みるも、特にウクライナにおける正教会と東方典礼カトリック教会（帰一教会）の問題もあり、その願いは実現しなかった。

歴史的瞬間
抱擁を交わす東西両教会トップ
キューバのハバナで、抱擁を交わすフランシスコ・ローマ法王（左）とロシア正教会最高位のキリル総主教

2016年2月12日（写真提供：AFP＝時事）

この記事のコンスタンティノポリ総主教とは、ギリシャ正教の上位総主教のこと。総主教庁があるのは、トルコのイスタンブールにある聖ゲオルギオス大聖堂となる。ローマ教会と東方教会の和解は進んでいたが、ロシア正教とは実に1000年近い断絶が続いていたのだ。

それには理由がある。東ローマ帝国の首都であったコンスタンチノープル（現イスタンブール）は13世紀のローマ教会の十字軍によって陥落（ラテン帝国）、その混乱でオスマン帝国の支配下となったからである。

ロシア正教は、その戦火から逃げ延びた主教たちによって設立された。それだけに東方教会の正当後継は自分たちと考え、また、大国ロシアを中心に1億近い信者を持つ最大勢力でもある。なによりコンスタンチノープル陥落でコンスタンティノポリ総主教庁が置かれてきたアギア・ソフィア大聖堂（現アヤソフィア博物館）がオスマンのイスラム教の聖堂となった。その結果、修復不可能なほどバチカンを深く憎むことになる。だからこそ1000年も関係が断絶していたのだ。

今回の「和解」が、いかに画期的な出来事であったか、理解できよう。

東西教会は、なぜこれまでの対立から一転、歴史的な歩み寄りをしたのか……。

ここが重要なポイントとなる。

◆裏で並行して進むアメリカ軍とロシア軍の和解

さて、キリスト教文化圏では「騎士団」という伝統文化がある。マルタ騎士団が有名だが、現在でもキリスト教圏の軍隊は「騎士団」という要素を強く持っている。実際、将官となった高級軍人たちは、それぞれの教会で「騎士」の名乗りをあげ、忠誠を誓うぐらいなのだ。戦争をして人を殺すという罪深い行為を教会に「国と国民を守る正当な行為」として認めてもらうわけだ。

ロシアでも同じ文化があり、ロシア軍の幹部たちは、ロシア正教会の「騎士」であることを誓っている。

この文化は軍人のみならず、やはりキリスト教圏の権力者たちもローマ教皇に謁見《えっけん》、権力者としての行為を許してもらおうとする。

実際、オバマは2014年、バチカンでフランシスコ教皇と初会談している。歴代の大統領で言えば、ケネディ大統領がパウロ6世（1963年）、クリントン大統領はヨハネ・パウロ2世（1994年）、ベイビーブッシュ（ジョージ・W・ブッシュ）もベネディクト16世と2007年に会談している。

キリスト教文化圏ではない日本の軍人（自衛隊員）は、もちろん、信仰する宗教団体の総本山にいって「武士」の誓いなどやらないだろう。

ようするにキリスト教文化圏では、教会が軍に強い影響力を持つのだ。これを理解すれば、今回の東西教会の歩み寄りの理由も見えてくる。

この東西教会の影響下にあるのは、いうまでもなくロシア軍と欧米各国の軍隊である。

この両陣営は、東西冷戦時代、旧ソ連と東欧諸国によるワルシャワ軍事同盟とアメリカを筆頭とする西ヨーロッパ諸国によるＮＡＴＯ（北大西洋条約機構）で軍事的に対立してきた。また冷戦が終結した後、いったん、軍事的緊張が緩和されたもののプーチンによってロシアが復活、グルジア戦争やウクライナ動乱によって対立は、むしろ深刻化している。

そこで今回の歴史的な東西教会の歩み寄りである。

繰り返すが、アメリカ軍を筆頭にヨーロッパ諸国の軍隊はバチカンに忠誠を誓い、そしてロシア軍は、今やロシア正教会の騎士団と言っていい。そのトップであるローマ教皇と正教総主教が和解したのだ。当然、この両陣営の軍隊も歩み寄る。逆に言えば、この両陣営が歩み寄るには、東西教会の和解がなければ不可能なのである。

両陣営のリーダーは、言うまでもなくアメリカ軍とロシア軍だ。東西教会の歴史的な和解劇の裏では、アメリカ軍とロシア軍の和解、それどころか軍事同盟の交渉までもが連動していた、と考えられるのである。

◆ロシアにとって中国よりアメリカが同盟相手として良い理由

ロシアのシンボルは双頭《そうとう》の鷲《わし》だ。これはユーラシア大陸を西と東にまたがった、ヨーロッパであり、アジアでもあるというロシアの特徴を表している。

パパブッシュに国土と国民（信者）を蹂躙《じゅうりん》されたロシア正教は、ニュー・ワールド勢との戦いを積極的に後押ししてきた。その過程でBRICS同盟、とくに中国との関係を深める。

実際、ロシアと中国は、2014年、天然ガスの大型契約を結んでいる。ロシア側は2018年から30年間にわたり、毎年380億立方メートルの天然ガスを中国へ供給、契約総額は実に4000億ドルを上回る。ドルベースで書いたが、その支払いはルーブルと元だ。このことからも中国とロシアは互いにパートナーとして良好な関係にある。中ソ国境紛争で揉《も》めた国境線も確定している。軍事的な結びつきも強い。両国の関係を見れば、ロシア軍があえてアメリカ軍と軍事同盟を結ぶ必然性はないように思える。

だが、時代は大きく動いた。世界はニュー・エイジ体制へと移っている。

それを踏まえると、別の要素が浮かんでくる。

ロシアは広大な国土と豊富な資源を持つ大国である。だが、人口は広大な国土に対して1億4000万人と、中国の1割強にすぎない。

ニュー・エイジ体制の時代となれば、中国以上の発展が見込まれるのはインドとなる。人口12億人を誇るインドが「世界の工場」になれなかったのは、それだけの資源とエネルギーが不足していたからだ。逆に資源とエネルギーが安価に大量に輸入できるようになれば、インドのポテンシャルは、おそらく中国を超えるであろう。中国は一人っ子政策で人口動態が歪《いびつ》になっている。その点、インドの人口動態はバランスがよく、何より公用語が英語という強味もある。

もともとニュー・エイジ体制は、東洋文明と西洋文明の融和にある。BRICS同盟内においてロシアの立ち位置は、基本的に西洋寄りだった。ここが重要なのだ。

また、中国との関係が深まった結果、ロシア内で大きな問題が出てきた。それがシベリア開発である。

豊富な資源が見込まれるシベリアだが、その開発は国境に面した中国に依存している。ロシアの人口ではシベリアまで手が回らないためだ。実際、シベリアにロシア国民は1000万人程度しかいない。その結果、シベリアのエリアには中国人労働者が多数、入植している。

本章で繰り返し述べてきたように、ロシアの実態は「ロシア正教国家」と言っていい。国民がロシア正教の信者となることで国家をまとめあげている。

ところがシベリアのエリアに入植した中国人は、当たり前だが、ロシア正教徒ではない。昨今、中国人にもキリスト教徒が増えているとはいえ、彼らの宗教観は、基本的に儒教と道教がベースとなっている。日本でもキリスト教がさほど広まらなかったようにアジアの宗教観とキリスト教は、あまり相性が良くないのだ。

このまま中国主導でシベリア開発が進んでいけば、当然、広大なシベリアのエリアに「非ロシア正教圏」が生まれることになる。ある意味、シベリアを「アジア圏」に乗っ取られてしまうのだ。

先に双頭の鷲を説明したが、ロシア人にとって故郷はヨーロッパであり、東（アジア）は征服した土地という感覚が強い。アジア圏に黄色系の国民が多いとはいえ、国家としてみれば、やはり「西洋文明国家」という立場なのだ。

だんだん、わかってきただろう。

対ニュー・ワールド勢との戦争終結、シベリア内における「非ロシア正教圏」の登場。この二つの問題を解決する方法として、ニュー・エイジ体制のパートナーにアメリカを選ぶという選択肢が出てきたのである。

◆ロシアがヨーロッパを保護する

　ここでトランプ政権が白人男性を主体に組閣したことを思い出してほしい。多民族国家のアメリカで白人を主体に政権を作れば、当然、批判される。それでもあえて「白人政権」を強調したのは、このロシアとのパートナーシップにあったと考えれば、辻褄《つじつま》が合うのである。

　また、トランプを支持した国民は、前章で紹介したようにアメリカの保守層だ。コンサバティブの多くは、同時にキリスト教右派、ダーウィンの進化論を否定するようなキリスト教原理主義でもある。副大統領のペンスを筆頭に、やはり、トランプ政権は、このキリスト教右派政権になっている。露骨なまでにトランプ政権が「西洋文明国家」かつ「キリスト教右派」を強調しているのは、ロシアへの呼びかけと考えれば納得がいこう。

　アメリカ軍が主導する新生アメリカは、さらなる「プレゼント」まで用意している。

　――ヨーロッパからの軍事力撤退、である。

　前章でも説明したが、ブレグジット（Brexit イギリスのEU離脱）以後、EUの解体は加速度的に進んでいく。一方、新生アメリカはヨーロッパから少なくとも軍事力は引き上げる。

NATOが冷戦を前提とした20世紀型の世界秩序から作られたものだからである。

EU解体後、バラバラとなったヨーロッパの枠組みをどうするのか。ニュー・エイジ体制において重要な課題の一つとなっている。

そこで新生アメリカは、このヨーロッパの「保護」をロシアに委《ゆだ》ねるつもりのようなのだ。保護とは安全保障とエネルギーとなる。

まず、安全保障は、アメリカ軍が引き上げたNATOに代わってロシア軍を中心に旧EUと東欧というヨーロッパ諸国で安全保障条約を結ぶことになろう。ロシア軍が欧州全域の「警察官」になるわけだ。

ロシア軍が欧州全域の安全保障を担えば、当然、ロシアから直《じか》に各国に天然ガスなどのパイプラインを通すことができる。

これはヨーロッパにとってもありがたい話である。次章で詳しく述べるが、今やヨーロッパ各国の経済はドイツを除き、相当、深刻なレベルで落ち込んでいる。はっきり言えば、各国とも国家破産していると思えばいい。

ヨーロッパ諸国は、ロシアに安全保障とエネルギー確保を任せれば、軍事費を国内の経済対策に回せるうえ、中近東やアフリカに持っている各国の石油利権をすべて輸出に回せるようになる。負債を返済するための外貨を確実に稼げるのだ。アメリカもまた、「覇権国家アメリカ」を解体しながら、まったく新しい国家へと作り替えるという重大なミッションがある。トランプドルを発行するにせよ、経済と財政の再建には、それなりに時間がかかる。ヨーロッパまで手が回らないというのが実情だろう。

それ以上にロシアにとって非常に魅力的なプランなのだ。

まず資源ビジネスとしてみれば、近所にヨーロッパ全域という巨大なお得意様ができる。非常に儲かるし、それで得た利益で欧州治安軍となったロシア軍も維持できる。

なによりヨーロッパの保護権は長年、ロシアが望んできた悲願と言っていい。

ロシアはソ連解体でプライドをズタズタにされた。そのトラウマが独裁者プーチンを生み出す原動力となったぐらいだ。それでも「東側の盟主」という誇りは傷つけられたままだった。この「ヨーロッパの盟主」というポジションは、傷ついたロシア人のプライドを回復する特効薬と言っていい。多少、軍の維持費が増して財政に負担を強いたとしても反対する理由はないのだ。

アメリカ、ロシア、ヨーロッパ、すべてが納得できるプランなのである。

◆ウクライナ問題の処理はすでに決まっている

唯一の懸念は、ウクライナ問題。こちらも水面下で戦後処理が決まっている。二分割で分け合うことになるだろう。

もともとウクライナがソ連から独立した背景は、パパブッシュの悪辣《あくらつ》な占領政策が原因と言っていい。旧ソ連時代のウクライナ、正確にはキエフを中心とする東ウクライナは、ソ連の軍事開発拠点だった。旧ソ連軍の誇ってきた核兵器、ミサイル（ロケット）、軍艦など、すべて東ウクライナの軍事工場で製造してきた。

パパブッシュは、この旧ソ連時代の軍事技術に目をつけた。「ロシアの軍事力を削減する」という名目でウクライナの分離独立を仕掛けた。これで「独立国」となったウクライナは、西側の軍需産業に「軍事技術」のバーゲンセールを行った。それで得た代金がパパブッシュのナチス派に流れ込んだのは言うまでもない。

ちなみに２０１７年から日本の自衛隊に配備されるアメリカの最新ステルス戦闘機であるF３５にも旧ソ連時代の軍事技術が導入されており、ソ連の技術がなければ開発できなかったと言われている。また、中国海軍の空母「遼寧《りょうねい》」も、やはりウクライナで建造していたアドミラル・クズネツォフ級航空母艦「ヴァリャーグ」を購入して改造したものだ。旧ソ連時代の科学力、とくに軍事関連の技術はレベルが高い。いわばロシア人民の血と汗と命の結晶をパパブッシュは、平然と差し押さえた。まったくとんでもない話であろう。

軍事開発の拠点だった東ウクライナには、最高軍事機密を扱う関係でロシア人研究者やエンジニア、労働者たちがたくさん入植、その一方でソビエト政府はもともとの住人であるウクライナ人を西側の穀倉地帯へと移住させてきた。つまり、ウクライナは東の工業地帯がロシア人、西の穀倉地帯がウクライナ人に分かれていたのだ。

NATO加盟を目論《もくろ》んでクーデターを起こしたウクライナにロシアが激怒したのも当然であろう。ウクライナの工業地帯は、もともとロシア人が金と人を出して発展した場所なのだ。それを勝手に売り払われて黙っているわけにはいかない。それで国際世論の反発も顧みず徹底抗戦に出たのだ。

いわばロシアが執着しているのは東ウクライナであって、ウクライナ人の多い西ウクライナには、それほどこだわっていない。

つまり、ロシアとアメリカはウクライナ二分割で十分、折り合えるのである。大国の都合で国を二分するといっても、民族、文化の違う国を一つにしていただけに、現在のウクライナ国民も納得するのではないか。東ウクライナに住む人にすれば、ロシア陣営でなくヨーロッパ陣営に加わるほうを嫌がる。西ウクライナは、反対にロシアよりヨーロッパを選ぶ。多少の住人の入れ替えをすれば、問題なく二つの国家になるわけだ。

◆「キリスト教諸国連合」構想

ウクライナ問題の処理が終われば、ロシアとアメリカの軍事同盟の枷《かせ》はなくなる。一気に「キリスト教」と「白人国家」を軸にした連合へと進んでいくだろう。

——キリスト教諸国連合、である。

これがニュー・エイジ体制の「西洋文明」の中心となるわけだ。

ここで気になるのは、２０１５年以降、ヨーロッパ各国で大きな社会問題となっている「イスラム難民」である。

周知の通り、シリア内戦の影響で１００万人単位の「難民」が発生、地続きのヨーロッパ諸国は、これら難民を受け入れてきた。

しかし、私が得た情報では、ヨーロッパに向かう「シリア難民」のうち、実に8割以上がシリア人（シリア国籍）ではなかったという。情報筋ではヨーロッパのニュー・ワールド勢が「1日当たり30ユーロ」でイスラム教徒を集めたうえでシリア国籍のパスポートを渡し、「難民」に偽装した大量のイスラム教徒をヨーロッパに送り込んでいるというのである。

なぜ、彼らはこんな策謀をしたのか。そこに「一神教４・０」とも言うべき計画があったという。

近い将来、誕生する世界政府を見据えて、キリスト教とイスラム教の二大「一神教」を融合させて、文字通りの「世界宗教」を作る。その影響力をもって、今後、誕生するであろう世界政府を主導する、というものであった。

それが、どうして偽装難民につながるのか。

その理由となるのが、キリスト教徒とイスラム教徒の対立である。両教徒を「強制的」に一緒に暮らさせれば、軋轢《あつれき》を起こし、戦争となる。しかし、その果てに同じ聖書をベースに同じ神を信仰している「仲間」として強引に一つに融合しようと考えてヨーロッパに大量の「偽装難民イスラム教徒」を送り込んだというのだ。つまり、反ニュー・エイジの国際謀略であったのだ。

事実、この計画は、1923年「汎《はん》ヨーロッパ主義」で欧米社会にインパクトを与えたリヒャルト・クーデンホーフ＝カレルギーがベースとなっているという。カレルギーの汎ヨーロッパ論は、最終的に世界を五つの主要ブロックに分けた世界連邦がベースとなっている。

事実、この国際謀略を主導してきたのは、ローマ教会の組織の中で最も悪評高い「オプス・デイ（Opus Dei）」の総長（第3代属人区長）、ハビエル・エチェバリーア司教であったという。

繰り返すが、この国際謀略、「イスラム教とキリスト教を対立させるための〝偽テロ工作〟」

は、社会工学的実験の一環だった。

そこで先の「キリスト教諸国連合」構想である。

この「偽装難民イスラム教徒」によってヨーロッパ各国の国民は、自分たちがキリスト教文化圏の人間であることを、より強く実感したのではないか。文化や生活習慣の違うイスラム教徒との共存は簡単ではない。むしろ、同じキリスト教文化圏の国家同士で協力し合うほうがいいのではないか……。そう考えたとしても不思議はない。これは同じキリスト教文化圏のアメリカやロシアの国民もヨーロッパの現状を見て、同様に思ったことだろう。

ニュー・ワールド勢の「謀略」を逆手に取って、西洋文明国家による連合構想へと世論を誘導している。それでイスラム教徒とのトラブルをことさら強調している可能性も高いのだ。

それゆえ、であろう。2016年12月12日、この国際謀略を推進してきたオプス・デイのエチェバリーア司教が「死去」している。バチカンは「肺感染症のため」と発表しているが、イギリスの諜報機関筋は、はっきりと「暗殺」と伝えているのだ。

◆アヤソフィアがロシア正教会に返還される日

キリスト教諸国連合のロードマップは、こうなっていよう。

まず東西教会が和解、さらに融和へと進む。これを受けてロシアとアメリカの「軍事同盟」が成立する。ウクライナは東西に分割、東をロシア、西をアメリカが管理する密約が結ばれる。次にアメリカがＮＡＴＯから離脱。

アメリカに代わってロシアが東欧西欧合わせた「新ワルシャワ軍事同盟」を締結。ヨーロッパ全域の安全保障を担当、名実ともにヨーロッパの盟主となり、全域へのエネルギー資源の輸出を積極的に行う。

このとき、東方教会の信者が多いギリシャ、東ウクライナなどはロシア連邦に参加することもありえるだろう。

そうして東西教会のローマ教皇、正教総主教が「キリスト教諸国連合」構想を各国国民に呼びかけ、国民投票を経て「キリスト教諸国連合」が成立する――。

こうした流れになると予想されるが、当面は「白人国家」のみの参加になる可能性は高い。事実、トランプ政権は「西洋文明国家主義」を打ち出している。まずは、アメリカとロシア、ヨーロッパという枠組みを考えている証拠であろう。

この枠組みは、なかなかよく出来ている。人口は10億人。経済力（国力）は先のパリ協定から計算するとアメリカ18パーセント、ロシア8パーセント、ＥＵ12パーセント、合わせて38パーセントとなる。

日本を除くG7プラスロシアなのだ。軍事力は高く、国土は広く資源も豊富にある。なによりキリスト教の西洋文明から発達した「白人国家」という同じ文化と価値観を持つ、先進国の国民なのだ。20世紀型の世界秩序であったアメリカを盟主とする「旧西側」と比較しても、相当、強力な枠組みと言っていい。十分、「ニュー・エイジ体制」においてアジアと対等に渡りあうことが可能となろう。

これほど壮大な「新構想」が出てきたのは、繰り返すが、ニュー・エイジ体制になることが確定したこと。そして、そのニュー・エイジ体制では、中国とインドが軸となる「東洋文明」へ覇権が移る。逆に言えば、何もしなければアメリカを筆頭とする旧西側（西洋文明）は、完全に「負け組」となってしまうのだ。

その危機感が「キリスト教諸国連合」という構想を生み出した、と言えよう。

一方で、これまでニュー・エイジ体制を主導してきた中国は、シベリアを抱えるロシアとの関係を無視できない。双頭の鷲の東側は「アジア圏」でもあるからだ。

それだけに中国は、盛んにロシアとの再接近を図《はか》っている。もちろん、アメリカ（トランプ政権）は、中国以上にロシアを優遇しようと必死になっている。

ニュー・エイジ体制の主導権争いのキャスティングボートを握っているのは「ロシア」な

のである。ゆえにロシアの動きが次の時代を動かす。最も注目すべき国家となっているのだ。まさに「ロシア」をめぐったアメリカと中国の三角関係と言いたくなる。

さて、アメリカも中国もロシアのハートを射止めるために「最高のプレゼント」を用意しなければならない。

それが「ハギア・ソフィア」である可能性は高い。

東方正教会の総主教庁は、２０１７年現在、イスタンブールの「聖ゲオルギオス大聖堂」に設置されている。バチカンの総本山であるサンピエトロ大聖堂に比べれば、それほど立派な聖堂ではない。なぜなら、本来の東方正教会総主教庁は、「ハギア・ソフィア大聖堂」であったからだ。コンスタンチノープル陥落後、東ローマ最高の建造物と言われたハギア・ソフィア大聖堂は、オスマン時代、「アヤソフィア」となってオスマンのイスラム教の総本山となってきた。

東方正教会の正統後継を自認するロシア正教は「ハギア・ソフィア大聖堂」復活を悲願してきた。いうなれば「聖地奪還」に位置づけているのだ。

現在、アヤソフィアは博物館となってトルコ政府が管理している。交渉しだいでは、十分、東方正教会への返還は可能となる。

もうおわかりだろう。

アヤソフィアを奪還してロシア正教に贈る者がロシアを射止める

このアヤソフィアをロシア正教にプレゼントした陣営が「ロシア」を射止めるのだ。おそらく水面下では、中国、アメリカ、ヨーロッパ各国のトルコとの極秘交渉が続いていることだろう。果たして、どの陣営が射止めるのか。けだし見物《みもの》である。

1991年のソ連解体の「屈辱」から四半世紀。大国ロシアは完全に復活した。まさに「神の恩寵」、そんな言葉が浮かんでくる。

第5章

ヨーロッパとイスラム圏の再編

石油利権で20世紀史を見れば現代世界がわかる

◆人類はいまだ第3のエネルギー段階＝石油に留まっている

エネルギーから文明を見れば、現代社会は第3段階と言っていい。

第1段階となるのが「人力」である。馬車や帆船《はんせん》といった自然エネルギーも含めて18世紀まで続いた。

第2段階は「産業革命」を引き起こした「蒸気機関」だ。1769年、ジェームズ・ワットが発明した蒸気機関は、蒸気機関車や蒸気船を生み出し、大陸間の移動と輸送を可能にした。これが欧米列強の帝国主義へとつながっていく。

そして19世紀後半から「内燃機関《ないねん》」の時代となる。第2段階の蒸気機関は外燃《がいねん》機関であり、小型化が難しかった。その欠点を埋めるガソリン機関やディーゼル機関が登場したことでエンジンの小型化、高出力が可能となった。その結果、「自動車」と「飛行機」が登場する。大量の人、モノ、金が国内のみならず国境を越えて活発に流動していく。現在の文明は「自動車・飛行機文明」なのである。

同時に依存する資源が「石炭」から「石油」へと移り変わった。ここが重要なポイントとなる。

事実、第2段階から第3段階への移行は、20世紀に起こった二つの大戦が起因となっている。つまり、21世紀になっても石油に依存した第3段階の文明から進歩できていない、いや、させなかったことが世界に歪《ゆが》みをもたらしてきたのだ。

ちなみに戦後に登場した「原子力」は、決して第4段階のエネルギーではない。原子力発電は、単に石炭を使わない蒸気機関であり、構造で言えば第2段階へと後退しているからだ。つまり、現在の「自動車・飛行機文明」から次の文明に移るには、第4段階のエネルギーが不可欠となる。環境性能が良く、安価で大量に確保できる「フリーエネルギー」でなければ意味がないのだ。

ゆえに日本企業が積極的に取り組んでいる燃料電池（水素発電機関）や、太陽熱や風力などの自然エネルギー発電も第4段階までのつなぎのエネルギーとなる。

現代文明は、依然、「石油」に頼った「石油依存文明」と言い換えていい。だからこそ20世紀型の世界秩序は「ドル支配システム」とともに「石油」を軸にしてきたのだ。

その意味で世界情勢を分析するには「石油利権」を読み解くことが非常に重要となる。

20世紀以降、この石油利権に翻弄《ほんろう》されてきたのが、そう、中近東および北アフリカのイスラム圏であり、そのイスラム圏の石油利権確保に血眼《ちまなこ》になってきたヨーロッパであった。二度の世界大戦がヨーロッパの戦場から起こり、その大戦によってイスラム圏の国境線が引かれたことは決して偶然ではない。

21世紀――。イスラム圏とヨーロッパの戦火はより激しくなっている。すべては石油利権をめぐる戦いに連動して引き起こされてきた。この視点がないかぎり、これからのヨーロッパ情勢、イスラエル問題を含むイスラム圏情勢は読み解くことができないのだ。

◆ＥＵ設立の真の狙いは世界独裁政府の雛形実験だった

まずはヨーロッパ情勢から見ていこう。

ＥＵの解体はもはや避けられない。ＥＵは、建前上、冷戦終結後の新しい国際秩序の振りをして１９９３年に設立された。ところが、その実態はニュー・ワールド勢による「世界政府」の社会工学的な実験にすぎなかった。ようするに世界をファシズム独裁する雛形《ひながた》としての枠組みであったのだ。

もう一つ、ＥＵの実験には目的があった。

共通通貨「ユーロ」の導入である。

ようするにヨーロッパ各国の「通貨発行権」を奪うための装置でもあったのだ。ユーロ発行まで、当たり前だが、ヨーロッパ各国は自国通貨を発行してきた。各国の中央銀行は、すでにニュー・ワールド勢（とくにロスチャイルド家である）によって国営銀行から民間企業になっている。それでもアメリカ政府が株式を持っていないFRBほど酷《ひど》くはなかった。政府が建前上、大株主として管理してきたからだ。

２０００年前後、またしてもドル支配システムが揺らぐ。そこでニュー・ワールド勢を筆頭にFRBの利権者たちは新たな生け贄《にえ》を探す。ソ連のエネルギー資源、日本の金融資産に続き、そのターゲットになったのがヨーロッパである。EUを悪用して各国から通貨発行権を奪うべく２００２年、共通通貨「ユーロ」が生まれる。

どれほど共通通貨「ユーロ」を軸にしたEUが酷いシステムなのか。私は、こんなたとえ話で説明する。

「一つの口座を家族全員で使い、その家族がキャッシュカードで勝手に引き出しているようなものだ」、と。

まだ家族ならいいだろう。それを隣近所の家庭同士でやったのがEUなのだ。当然、収入や家族構成も違う各家庭が一つの共通口座を使えば、どうなるのか。各家庭とも一生懸命働き、自分の収入に応じた生活を続けるのならば問題はあるまい。しかし、もちろんそんな性善説など通用しない。すぐに、働きもせずキャッシュカードでガンガン共通口座から金を引き出し、無駄遣いを始める家庭が出てくる。

普通ならば、一番、稼ぎのいい家庭が「冗談じゃない！」と怒る。ところが、その一番、稼ぎのいい家庭は、スーパーマーケット「ジャーマニー」を経営している。それまで、各家庭とも貧乏であまり「ジャーマニー」でお買い物をしてくれなかった。それが、この「ユーロ」というキャッシュカードができたことで、たくさんの商品を山ほど買ってくれるようになったのだ。スーパーマーケット「ジャーマニー」の売上は急上昇。「ジャーマニー」の女性店主は、共通口座にどんどんお金を入れる。それを働きもせず、せっせと引き出しては、再び「ジャーマニー」で無駄遣いする……。

これがEUの実態なのである。どれほど無茶苦茶であったか理解できよう。

本来なら収入以上に使いすぎた家庭があれば、それを厳しく注意してキャッシュカードを取り上げる処置が必要となる。ところがEUは欧州中央銀行（ECB）を作りながらも欧州中央財務省を作らなかった。ガイドラインだけを作り、財政政策は各国の自主性に任せてしまったのだ。

その結果、表面上の財務状況が良ければ、何も問題はなくなる。このたとえ話で言えば、無駄遣いするだけの家庭「ギリシャ」に、国際金融マフィアやウォール街が「ユーロ」のキャッシュカードにクレジット機能をこっそり付けて、無駄遣いしていないよう見せかけてくれたのだ。たしかにEU共通口座には、常に一定水準の残高がある。だが、それは預金に見せかけた「借金」でしかない。そこにリーマンショックが起こって、それで預金が実はすべて借金とバレてしまったわけだ。ドイツ銀行を始め、ヨーロッパ各国の大手銀行が軒並み、破綻状態にあるのは、そのためなのである。

イギリスがEUに加盟しながら自国通貨「ポンド」を手放さなかったのは、今回の離脱もそうだが、なかなかの慧眼《けいがん》と言いたくなる。まあ、シティ（イギリスの金融中心地）を支配するロンドン・ロスチャイルドの意向なのだろう。

◆ユーロの目的は「ドイツのひとり勝ち」

各国の通貨発行権を奪っただけではない。もう一つ、EUには裏のからくりがあった。それが「ドイツのひとり勝ち」である。冷戦終結後のヨーロッパはドイツが管理する。ようするに「リベラルな振りをしたナチスドイツの新帝国」というのが、現在のEUなのである。

このリベラルなポーズを取るナチスの新帝国に、ヨーロッパ各国がどれほど痛めつけられてきたのか、説明しよう。

たとえばイタリアである。ヨーロッパで第4位、世界では第8位の経済規模を誇る。イタリアは高いイメージがあるが、それは間違いだ。イタリア製品は、高級な商品をそれほど高くなく作ってきたのだ。実際、艦砲《かんぽう》の分野では世界トップクラス、オート・メラーラ製の大砲は自衛隊でも採用している。日本で作るより安くて高性能だからである。フェラーリにせよ、同レベルのスポーツカーは日本メーカーなら作れる。だが、値段はフェラーリの倍となる。高性能でおしゃれな商品を意外と安く作るところにイタリアの技術があるのだ。

だからユーロ加入前のイタリア経済は悪くなかった。長期トレンドとしてイタリアの旧通貨リラはドイツマルクに対して弱いトレンドが続いていた。その通貨安を武器に１９７８年から１９９８年の間、イタリアは工業生産の伸び率がドイツのそれを10パーセント以上も上回っていた。しかしユーロに加入した２００２年以降、イタリアの工業生産の伸び率はドイツに比べて40パーセントも下回る。１９９９年以降のイタリアの株価を見てもドイツの株価に比べて65パーセントも低い伸び率を示しているぐらいだ。

もしイタリアがイギリスのようにＥＵでユーロを導入していなければ、ここに為替メカニズムが発生して「ユーロ高リラ安」が進行、通貨安の影響でイタリアの競争力は改善していたことだろう。しかし、ユーロを導入しているがために為替メカニズムが機能せず、競争力のあるドイツと競争力のないイタリアの格差は今も開き続けている。

今のイタリア経済は、独立系経済調査会社「GaveKal」の会長、チャールズ・ゲイブ(Charles Gave)に「私の45年のキャリアにおいて、こんなに前もって予測できる、必然的な国家倒産は見たことがない」と言わしめるほどの酷い状況なのだ（http://www.zerohedge.com/news/2016-12-20/brace-yourself-italys-bankruptcy）。

なぜ、こんなことになったのか。理由は難しくない。

ユーロの通貨価値は加入国全体の平均値になる。国力が強いドイツにすれば、ユーロになれば事実上、通貨安になる。つまり、ドイツの輸出力が労せずして上がり、輸出ドライブがかかるのだ。本来ならば輸出が増え、国力が増せば為替メカニズムによってドイツの通貨は上昇、歯止めがかかる。ところが東欧圏を新たにユーロに加入させれば、ユーロの価値を簡単に下げることができる。しかも人件費の安い労働力まで使えるのだ。

事実、２０１６年度のドイツの貿易黒字は過去最高となる２５２９億ユーロ（30兆円）に達している。文字通り、ひとり勝ちになるのである。

逆にイタリアやフランスは酷いものだ。イタリアやフランスにすればユーロになったことでリラやフランより通貨高になっている。輸出が振るわなくなるのだ。自国通貨ならば通貨安となって回復するはずが、その為替メカニズムが効かない。

１９９０年代まで日本でもイタリアのフィアットやフランスのルノーの自動車をよく見かけた。だが、最近はベンツ一辺倒になっている。日本人の感覚で言えば、ユーロになったことでベンツ割安で逆にフィアットやルノーは割高に感じるためなのだ。日本のみならず、それは世界中で起こり、しかも自動車に限った話ではない。

考えてみれば１９９９年、「失われた10年」で日産が経営破綻したとき、それを救済したのはルノーだった。ところが現在は違う。今や親会社のルノーを支えているのが子会社の日産なのだ。どれほどユーロ加入でダメージを受けたのかが理解できよう。

もはや、ＥＵ圏内でドイツ以外は、産業競争力を喪失している。主要銀行は事実上、破産状態。国家の基盤を支えてきた主要産業、メーカーも莫大な負債を抱えている。

ユーロは「ドイツのひとり勝ち」が目的だったというのも頷《うなず》けよう。

先にイギリスがＥＵ離脱したとき、欧米メディアを中心に国際世論は「まさか、離脱はあり得ない」と考えていた。だが、このＥＵの現状とドイツひとり勝ちの構造を知っていれば、むしろ、「離脱しない」ほうがありえないのだ。

その証拠にＥＵ諸国の最新の世論調査を見ると、２０１７年中に実施されるイタリア、フランス、ドイツの総選挙、もしくは大統領選において、それぞれ「反ＥＵ・移民排斥」を掲げる極右政党が政権を奪取する可能性が高まっている。

ユーロ導入から15年。ＥＵ諸国の国民は、このからくりに気づき、怒り狂っているのである。

◆アンゲラ・メルケルはヒトラーの娘

これほど「ユーロ」が無茶苦茶になったのは、言うまでもなく制度設計の問題である。はっきり言えば「ニュー・ワールド・オーダー」の世界システムだったからである。

第1章でも述べたが、2001年の「9・11」によってパパブッシュはアメリカを乗っ取り、ニュー・ワールド勢の大派閥になった。

その結果、ニュー・ワールド勢の権力構図のなかでドイツ系が優遇されることになる。ナチスアメリカのパパブッシュもドイツ系、そのドイツではメルケル、バチカンでは、やはりドイツ系のベネディクトが教皇に就任する。ほかにも2008年までイエズス会の総長だったピーター・ハンス・コルヴェンバックもドイツ系だった。イエズス会は「世界最強の銀行」とも呼ばれるバチカン銀行に影響力を持っている。こうして世界を裏から支配してきた権力者たちにドイツ系のナチス派が増え、完全に主導権を握ったからこそ、ヨーロッパをドイツに支配させる「ユーロ」ができたのだ。

本書のテーマである「ニュー・エイジ体制」は、まずはこのドイツ系のパージ（排除）を目的にしている。2013年に600年ぶりに生前退位したベネディクトを筆頭に、イエズス会でもトップが入れ替わった。そして２０１６年の大統領選ではブッシュ一族の盟友であるクリントン家も失脚した。

次のターゲットは、いうまでもなくアンゲラ・メルケル首相である。

これについて興味深い情報がある。２０１６年12月初旬、トランプ政権への移行前に、当時のジョー・バイデン副大統領がカナダを訪問した。そのとき、「従来の西側指導者（G7＝ロスチャイルドの下僕）の中でリーダーシップを継続しているのはカナダのジャスティン・トルドー首相とドイツのアンゲラ・メルケル首相だけ」との内容の発言をしているのだ(https://www.bloomberg.com/news/articles/2016-12-09/biden-hails-trudeau-and-merkel-as-last-liberal-leaders-standing)。

ニュー・ワールド勢がどれほど追い詰められているのかが窺《うかが》えよう。

これに対して「ニュー・エイジ」陣営も早速、動き出している。その先鋒《せんぽう》となるのがロシアであろう。すでにロシア当局は、厳密な調査を行った結果「ドイツのメルケル首相はナチスドイツの最高指導者アドルフ・ヒトラー総統の娘」だと結論づけている。ヒトラーは、オーストリアで財閥を繁栄させたロスチャイルド一族ウィーン家の子孫である。となると、メルケルは今の世界の指導者の中で唯一、ロスチャイルド一族の血を引く人物ということになる。

ロスチャイルドは伝統的に両陣営に協力して利益を得ることを得意としてきた。あとで説明するが、ロスチャイルドはロシア側とも結託している。その意味でメルケルは、ナチス派勢力に協力してきたロスチャイルドの意向を受けて活動してきたのだろう。

ＣＩＡ筋などによれば、２０１７年9月に行われるドイツの総選挙で、ヒラリー・クリントン同様、「惨めな敗北」で権力の座から引きずり下ろす予定という。

ちなみにカナダのトルドー首相は、実母のマーガレット・シンクレアが中世スコットランド王国の貴族の血筋で、シンクレア家はスコットランド系フリーメーソンを創設した一族である。そして、そのスコットランド系フリーメーソンが仕えているのが英国王室だ。

「ニュー・エイジ」陣営への協力を申し出ているイギリス王室とともにトルドー首相自身、貧困や環境破壊の問題に取り組みたいとして、すでにニュー・エイジ側についている。

繰り返すが、残るナチス派の政治リーダーはメルケルだけ。残された命運は、そう長くはない。総選挙の見どころは、メルケルが勝つか負けるか、ではない。ヒラリー・クリントン同様、どれほど惨めで情けなく落選するか、なのである。

◆疲弊《ひへい》したヨーロッパによる石油利権の分捕り合い

世界独裁政府の社会工学的実験のために作られたEUが解体に向かっているとはいえ、すでにヨーロッパ主要国の疲弊は限界に達している。はっきり言えば総国家破産状態なのだ。

ここで「石油利権」とリンクする。

中近東および北アフリカのイスラム圏の石油利権は、実に年間2兆ドル、日本円にして200兆円に達する。EUシステムで破産状態に追い込まれたドイツ以外のヨーロッパ主要国は、是が非でもイスラムの石油利権を押さえなければ借金返済はおろか、国家再建の目処《めど》が立たないのだ。21世紀の新秩序など考えている余裕はなかったわけだ。

2002年以降、突如として中近東で戦火が巻き起こったのは、一つはパパブッシュの「ニュー・ワールド・オーダー」、何度も説明したが中近東で全面核戦争を引き起こす人工ハルマゲドン計画が理由となっている。

だが、2003年のイラク戦争後の中近東および北アフリカを襲った戦火は、疲弊したヨーロッパ主要国による「石油利権」の分捕り合いという側面も大きい。

それが「アラブの春」である。2010年からチュニジア、エジプト、リビアへと広がった「民主化運動」は、IS（イスラム国）が暴れまわったシリア動乱へとつながる。

これらはイスラム圏の民主化運動でもなければ、宗教戦争でもなかった。ましてや、独裁者を打倒するために民衆が立ち上がったわけでもない。

繰り返すが、メジャーと呼ばれる巨大石油企業、それに資金を用意した国際金融資本、それらを背後から支配する0・000001％の富裕層、そして疲弊したヨーロッパ主要国による石油利権をめぐる戦いであったのである。

その視点でイスラム情勢を見直せば、中近東で暮らすイスラム教徒は利権争いに巻き込まれた被害者と言っていい。しかも1世紀以上にわたって石油利権をめぐる争いに国家を奪われ、資源を奪われてきた。イスラム教が「自爆テロ」も辞さない狂信であるとか、シーア派とスンニ派といった宗教派閥の対立、あるいは遊牧民独得の部族社会が「未開」だからといった言説は、すべて間違いである。ここを理解していない人が本当に多いのだ。

考えてみてほしい。イスラム教徒の多くがISのような殺人鬼かつ排他的な宗教観の持ち主であるならば、日本で暮らすイスラム教徒たちの間で暴力団のような抗争が起こっているはずだ。現実に、そんな事件は一切ない。日本にはシーア派やスンニ派の人もいるし、なかにはハラール（イスラム認証）を受けていない食材を拒否してサウムと呼ばれる日中の絶食行為をするイスラム原理主義者も少なくない。その人たちが何かトラブルを起こして日本人を困らせただろうか。神社に参る人たちを「邪教徒の集団」と攻撃しただろうか。そんなことはない。彼らは普通の人たちなのだ。

にもかかわらず、イスラム圏では王族が独裁者となり、ほかの部族を弾圧したり、宗派間で戦争が何度も起こってきた。それは、宗派や部族に金や武器を渡して対立を煽《あお》ってきた勢力が存在していたからである。いくら信者といっても欲を持っている。そこを衝《つ》かれてしまい、同じイスラム教徒を迫害する。実際に迫害されれば、憎しみの連鎖が生まれる。こうして20世紀から現在に至るまで争いが続いてきたのだ。

◆イスラム同胞団はナチス派勢力の実働部隊

現代の文明は「石油」に依存している。19世紀が蒸気機関の「石炭の世紀」だったとすれば、20世紀は「石油の世紀」なのだ。

この石油にいち早く目をつけたのが、ニュー・ワールド勢である。とくに「石油王」と呼ばれたロックフェラーを筆頭に、石油利権の確保に動いてきた。これに軍需産業が加わり、アメリカには、いわばニュー・ワールド・アメリカ派が形成される。これに国際犯罪ネットワークのブッシュ家が暗躍したことで「テロ戦争派」、「ファシズム勢力」となっていく。

このニュー・ワールド勢のエネルギーマフィアからターゲットにされてきたのが、露天掘りでも良質な原油が噴出する、ヨーロッパに近い中近東である。

いかにしてイスラム教徒たちから石油を騙《だま》し取るか。

それが「イギリスの三枚舌外交《さんまいじたがいこう》」として世界史の教科書に載る「フサイン・マクマホン条約」「サイクスピコ協定」「バルフォア宣言」であろう。アラブに独立国家を約束しながら、その裏でフランスと中近東を分割する秘密協定を結ぶ。その一方でユダヤ人にはイスラエル建国を認める。

イスラエル建国にせよ、ユダヤ資本の資金提供の見返りであり、もっと言えばイスラエルが中近東の石油利権確保にとって都合のいい「装置」となると判断したにすぎない。ユダヤ教徒の悲願に協力したとか同情したわけではないのだ。

イスラエル問題は、現在まで続くイスラム圏最大の問題となっているが、もう一つ、中近東の石油利権確保の装置となってきたのが「イスラム同胞団」である。

第2次世界大戦中、ナチスドイツは石油資源確保のためにイラクに進出する。ここでナチスドイツシンパのイラク兵を育てていた。戦後、このイスラム同胞団の新たな雇い主になったのが、もちろんパパブッシュを頭目《とうもく》にした「ナチス派の国際犯罪ネットワーク」であった。

このイスラム同胞団は、ナチス派の命令を受け、いわゆる「イスラム過激派」に名を変えて暴れ回った。自作自演のテロでイスラム各国の世論を誘導し、石油施設を攻撃した。石油価格暴騰《ぼうとう》のために仕掛けた四度にわたる中東戦争のみならず、21世紀の「アラブの春」でも、このイスラム同胞団は暗躍している。イラク、シリアで暴れまわったＩＳの母体となっているのもイスラム同胞団なのである。

ようするにナチス派勢力の「傭兵」であり、現場の実働部隊なのだ。

◆シリア騒乱は石油利権争奪の〝関ヶ原〟

20世紀型の世界秩序は、ドル支配システムのみならず、この「石油利権」の両輪で成り立ってきた。20世紀の間、石油利権はニュー・ワールド勢の手中にあった。

その状況が変わるのは21世紀になってからだ。ブッシュ率いる「ニュー・ワールド・オーダー（人工ハルマゲドン計画）」が始まり、殺される側となったＢＲＩＣＳ陣営は、本格的に「ニュー・ワールド・オーダー」との戦いを開始する。

当然、ＢＲＩＣＳ同盟は、ドル支配システムだけでなく、この「石油利権」にも手を伸ばした。21世紀になって経済的に大躍進した中国は、そのエネルギー需要を武器に中近東諸国に接近する。一方の独裁権力を握ったプーチンのロシアは、ニュー・ワールド勢のオリガル

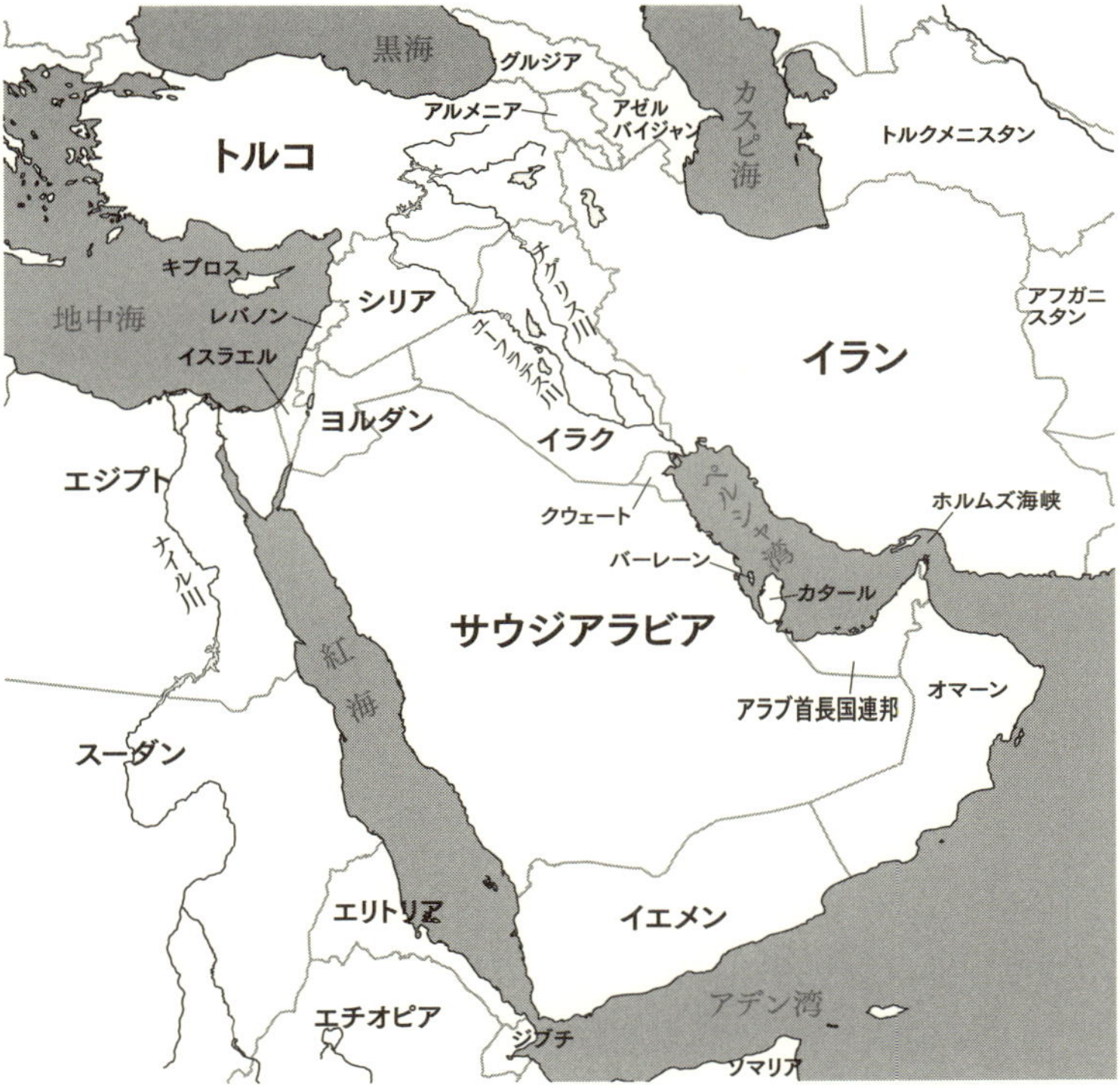

イラクを中心とした中東地域

ヒを駆逐《くちく》し、エネルギー資源大国となる。つまり、プーチンのロシアは欧米以外で唯一、石油採掘、精製などの高い技術を持っていたのだ。中国のマネー（石油需要）とロシアの技術。なにより、この二国には軍事力まである。

このとき中近東の産油国は、欧米の石油メジャー、ドルを石油交換券にしてきた石油利権の支配者たちと関係を断ち切ることが可能となったのだ。

真っ先に手を上げたのがイランである。

イランは核開発問題で経済制裁を受けながら「ピエロ」までやらされてきた。誇り高いペルシャ人にとって非常に屈辱的な扱いを受けてきたのだ。

ピエロというのは、イランの核開発がナチス派の指示による「プロレス」（やらせ）だったからである。

実は、イランの核開発疑惑は完全にパターン化していた。イスラエルが、イランが核開発を進めていると騒ぎたてて、マスコミがイスラエルとイランの戦争の可能性をヒステリックに報じる。そこでイランの首脳が「戦争準備に入った」と宣言する。こうなればホルムズ海峡の封鎖を恐れて、中近東からの資源輸入に依存している国々からの石油の需要が高まり、原油価格が大きく跳ね上がる。そのシナリオを用意したのはエネルギー先物最大手のグレンコアだ。いわば、不正に原油価格を操作して濡れ手に粟《あわ》のボロ儲けを30年間、繰り返していたのだ。

ちなみにグレンコアの創業者マーク・リッチは、ロックフェラーとロスチャイルドどちらにも近い。いわば、エネルギーマフィアのボスであるロックフェラーと、国際金融マフィアのロスチャイルドをつなぐエージェントなのだ。その意味でロスチャイルド家の若き総帥《そうすい》となったナサニエル・フィリップは、エネルギー先物市場と関係が深く、、2011年1月、このグレンコアの転換社債4000万ドルを購入している。

次にシリアのアサド政権がロシアと接近することになる。

アラブの春は、何度も説明したように国家財政が悪化したドイツを除くヨーロッパ主要国による、中近東および北アフリカの石油利権の「確保」を目的としていた。元々、このエリアは欧米系の石油メジャーが利権を握っていた。だが、中国とロシアの介入によって次々と権益を失う可能性が出てきた。もはやなりふり構わず、国際謀略で政権を潰し、武力で制圧することすらいとわなくなっていたわけだ。

アラブの春が2010年から2012年に起こったのも偶然ではない。この時期、ドイツを除くヨーロッパ主要国は、ユーロ加入10年でにっちもさっちもいかないぐらい経済が疲弊《ひへい》し、国家財政が悪化していた。事実、アラブの春の本命が「リビアの石油利権」だったのは間違いあるまい。リビアはチュニジアとエジプトの間に位置している。この両国が「民主化」で政権を打倒したというストーリーを作れば、リビアもまた、カダフィ政権を打倒したとしても国際世論は受け入れる。そうしてNATOはリビアの「民主化運動」に参戦、その主力がフランスとイタリアだったのは当然であったのだ。

もともとシリアのアサド政権はロシアと協力関係を結んでいた。シリアは産油国としては小さいが、中近東の要衝《ようしょう》に位置している。中近東の石油をヨーロッパや大型タンカーに積み出すパイプラインの重要な中継地点となる。いわば、このシリアをどこが押さえるかでパイプラインの権益が確定する。逆にシリアを失えば、いくら中近東に石油利権を持っていようが競争力を失い、宝の持ち腐《ぐさ》れとなる。

シリアはエネルギー利権の最重要案件となっていたのだ。

こうして2011年以降、シリアをめぐって、欧米の石油メジャー、中ロの石油会社が暗躍、その資金提供を受けてアメリカ、NATO、トルコ、ロシア、中国など、世界中の軍隊が入り乱れることになった。しかも2013年以降にはイスラム国が台頭、情勢は一気に混《こん》沌《とん》としていく。

当然であろう。「シリア騒乱」は、20世紀から続く中近東および北アフリカのイスラム圏における石油利権の最後の戦いだった。この戦いに参戦しない勢力は、今後、利権から脱落する。だからこそ、ありとあらゆる勢力が集い、情勢によっては裏で手を結び、味方を裏切る。権謀術数を駆使しながら血眼《ちまなこ》になって権益確保に走っていたのである。

シリア情勢の分析が、二転三転し、誰と誰が戦っているのか、どことどこが味方なのか、なかなかわからなかったのは、そのためなのである。

いずれにせよ、シリア騒乱は1世紀以上続いた石油利権をめぐった戦いの最終決戦。いうなれば東西両陣営の石油利権者による「関ヶ原」であったのだ。

◆パリ同時多発テロは自作自演のやらせ

石油利権をめぐる「関ヶ原の合戦」——。

中近東および北アフリカの石油利権は、シリア騒乱の時点でこうなっていた。

まずサウジアラビアからクウェートまでがエクソンモービル、わかりやすくいえばロックフェラーである。次にカタールの石油利権を持つシェブロン、これはブッシュだ。また、BP（ブリティッシュ・ペトロリアム）、さらにロイヤル・ダッチ・シェルというイギリス王室、つまり、ロンドン・ロスチャイルドが相乗りしていた。ここが長年、中近東の石油利権を仕切ってきた欧米の主力勢力となる。

対する新興勢力が、中国とロシアである。プーチン大統領率いるロシアのガスプロムと中国共産党のSINOPEC（シノペック／中国石油化工集団公司）は、21世紀に入ってからイランとシリアに利権を次々と確保してきた。

そこでフランスである。フランスは8番目の妹（石油メジャーのセブンシスターズから）と呼ばれたトタルがある。基本はアルジェリア、チュニジア、リビアといった北アフリカの旧植民地が中心だった。アラブの春でリビア占領にフランス軍が積極的に動いたのは、カダフィ大佐からリビアの石油利権を横取りするためであったのだ。

また、トタルは第2次大戦でナチスドイツから奪ったイラクにも巨大な利権を持っている。そのイラクは、IS（イスラム国）の侵食を受け、最も石油利権が不安定となっている。しかもイスラム国はイラクからシリアにかけて支配領域を強めていた。

フランスにすれば是が非でもシリア騒乱に参戦しなければ、イラクの利権を失ってしまう危機に晒《さら》されていたのだ。そこで思い出すのが、2015年11月13日、フランスのパリ市街と郊外のサン＝ドニ地区のサッカースタジアムで起こった「パリ同時多発テロ」事件である。フランスは、パリ同時多発テロをイスラム国の仕業にすることでシリアからイラクへと軍事介入する。「パリ同時多発テロ」は、中近東の石油利権確保のために仕組んだ自作自演のテロということが理解できよう。

さらにトルコも、あれこれと動き回った。それまでロシアとの蜜月を続けておきながら、一転、ロシア軍の軍用機を撃墜、ISから石油を買い、武器を渡すといった行動を繰り返す。
こうした情勢を理解するには、このとき、どんなパイプラインの計画があったのか、それを知る必要があるのだ。

◆石油、天然ガス利権で米ロは完全合意

2011年に始まった「シリア騒乱」の原因となったのが、このパイプライン計画である。カタールとサウジアラビアで天然ガスを発掘していたのが、シェブロン、エクソンモービル、サウジアラムコといった石油会社である。つまり、ブッシュ、ロックフェラーたちは、シリア国内にパイプラインを建設し、シリア経由で西ヨーロッパに天然ガスを輸出する計画を立てていた。

ところがシリアのアサド政権は同盟国ロシアのパイプライン建設を優先していた。

これでブッシュ、クリントン、ロックフェラーら、ニュー・ワールド勢のアメリカ派はシリア国内のパイプライン用地を確保するために似非《えせ》イスラム過激派のISISという傭兵部隊を送り込んでアサド政権を打倒するためにシリア反政府軍の支援を始めたわけだ。

その証拠にISが暗躍したイラクからシリアにかけての支配領域は、ちょうどニュー・ワ

ールド勢アメリカ派のパイプラインのルート上と、みごとに重なり合う。建設予定地に暴力団が住み着き、立ち退き料をせしめていると思えばわかりやすいだろう。この場合は、ISを引き上げる条件にシリア政府にパイプライン計画を認めさせることとなる。これが反アサド勢力の実態であったのだ。

当然、このISの動きにロシアとアサド政権が反発する。その結果、内戦が激化していったのだ。この手の利権争いは、暴力団の抗争とよく似ている。相手を激しく攻撃して相手に「戦いたくない」と思わせる。その一方で相手勢力に調略《ちょうりゃく》して仲間に引き込み、孤立させていく。そのためにトルコがあっちにいったり、こっちにいったりしていたわけだ。

ここまで争いが激化してシリアの国土が荒廃してしまえば、これ以上の争いは不毛、というより採算が合わなくなる。実際、中近東の産油国が混乱したことで「脱中東の石油依存」の動きが加速していた。これで両陣営とも、ようやく妥協に合意する。

——アレッポ停戦である。

シリア北部の主要都市アレッポの停戦が２０１６年12月６日以後、決定する。

いったい、何があったのか。さて、この記事を見てほしい。

「突然の外国人へのロスネフチ株売却」（2016年12月12日アレクセイ・ロッサン、ロシアNOW）

国内最大手の石油会社「ロスネフチ」の株式19・5%を取得したのは、スイスの資源商社「グレンコア」およびカタールの投資ファンド「カタール投資庁」。ロスネフチの国営は変わらない。

ロシア政府は、ロスネフチの株式19・5%を、グレンコアとカタール投資庁に売却することを決定した。総取引額は105億ユーロ（約1兆2705億円）。ウラジーミル・プーチン大統領は7日、ロスネフチのイーゴリ・セチン社長との面談で、これを明らかにした。クレムリン（大統領府）が伝えている。

市場関係者にとって、これは予想外だった。ロスネフチの株式を取得するのは、中国とインドの投資家だと考えられていたためだ。中国とインドの投資家はロスネフチの経営参加を求めていた。ロスネフチ自体は、自社株買い戻しを考えていた。ロスネフチからの収賄容疑で11月に拘束されたアレクセイ・ウリュカエフ元経済発展相は、自社株買い戻しには反対していた。

「これほど大規模な取引が成立したということは、海外の投資家の間でロシアの石油・ガス資産に対する関心が高いことを示している。また、海外の有力投資家が、ロシアの株式市場に総合的かつ戦略的な関心を持つ中で、ロシアの株式市場への投資に魅力を見いだしていることを証明している」と、ロシアの投資会社「ルス・インヴェスト」分析部のドミトリー・ベデンコフ部長は話す。

(http://jp.rbth.com/business/2016/12/12/655479)

実にわかりやすい「答え」ではないか。私も、このニュースを知ったとき、思わず笑ったぐらいだ。ロスネフチのイーゴリ・セチンは、いうまでもなくプーチン大統領の側近のひとり、盟友である。このグレンコアは先にも説明したようにロスチャイルドが隠れ蓑《みの》に使うことで知られている。ようするにロスチャイルドが動き、大金を払うことで決着を図ったのだ。ちなみにカタール財団は、サッカーに詳しい人ならば、世界的人気クラブの「バルセロナ」が初めて起用した胸スポンサーと知っている人もいよう（2017年から楽天になった）。こちらも石油利権を運用するカタール財団がパイプラインの謝礼を支払ったわけだ。ようするにカタール＝シェブロンは、ロシアのパイプラインに相乗りさせてもらう代金を支払うことで決着を図ったわけだ。

一方で、このパイプライン計画で「敗者」となっているのが、サウジアラビア王族のサウジアラムコとロックフェラーのエクソンモービルとなる。それが2017年3月のサウジ王族のアジア歴訪につながっている。彼らは「世界一豪勢な難民」なのだが、それについては後述する。

さて、この仲介をまとめた「ロスネフチ」だが、面白い情報がある。

このロスネフチは、2011年以降、北極海沖の石油・天然ガス開発でエクソンモービルと蜜月関係が続いているのだ。この北極海沖の開発でロスネフチはエクソンに対して七つのライセンス契約（開発利権）を渡している。エクソンがアラスカで運営するコンデンセート開発プロジェクトの25パーセント分を取得する権利さえ認めているのだ。

この北極海・サハリンの開発プロジェクトだが、ロシアのガスプロムが中心となって開発した「サハリン2」は、ロイヤル・ダッチ・シェル、三井物産、三菱商事が出資しながら、開発が終わった途端、ロシア政府が環境保護を楯《たて》に、すべてのライセンスをいったん破棄させた。これはロイヤル・ダッチ・シェルなどがきちんとロシアに税金を払わなかったのが原因で、エクソンはきちんと払ってビジネスをしていた。その信用があって蜜月が続いている。

この北極海開発の成功でエクソンモービルのCEO（最高経営責任者）となった人物こそ、トランプ政権で国務長官に起用されたティラーソンである。

ロシアとアメリカの接近には、この石油利権が裏ルートとして関わっていたことが理解できるだろう。いうなればアメリカとロシアは石油利権で完全に「合意」できている。トランプ政権にすれば、プーチンのロシアを「信用」に値する国として認めた。それが第4章で紹介した「キリスト教諸国連合」構想へとつながっていく。

◆三つに再編されるイスラム圏

先にも述べたように、シリア騒乱はイスラム圏における「石油利権」を最終決着する「関ヶ原の合戦」である。それがロシアとの合意によって解決した以上、年間２００兆円の石油利権は、ひとまず、再分配が決まったことになる。これ以上の揉《も》め事、騒乱は、間違いなく全勢力から袋叩きに遭《あ》う。今後、中近東および北アフリカの石油利権は、一切、他の勢力が手を出してはならなくなったわけだ。

１世紀という長きにわたった石油利権の争奪戦は終わった。ロシアが大きく得をしたが、それなりにバランスが良く、だから合意に至ったわけだ。

これは本当に大きい。画期的というより「革命」と言いたくなる。

なぜなら、これでイスラム問題が、すべて解決に向かうからである。

イスラム圏が抱える問題は、とどのつまり、石油利権をめぐって各勢力が暗躍し、イスラム圏で宗派や部族間の対立を煽《あお》ってきたのが原因だった。豊富な資金力を背景にイスラムの各勢力に金と武器を渡すから戦争が起こってきたのだ。

それが２０１６年12月15日以降、終わった。となれば、当然、イスラムの再編という動きが出てくる。実際、シリア騒乱という石油利権をめぐる最後の戦いにおいてもイスラム圏「再編」の動きが出て、状況を混乱させてきた。この動きが本格化するのだ。

では、イスラム圏再編は、いったい、どうなるのか。

私なりの分析を述べていこう。

中近東から北アフリカに至る広大なイスラム圏は、文化や民族によって三つの共同体になるのではないか、と見ている。

まずは現在のイラン、イラク、レバノンがある地域を中心とする「ペルシャ系イスラム」である。元々、このエリアは古代からペルシャ帝国が繁栄していた。

同様にトルコを中心とした旧東ローマの「トルコ系イスラム」。そしてサウジアラビアなどの湾岸協力機構の加盟国とエジプトを中心とした北アフリカ諸国による「アラブ系イスラム」である。

この三つの共同体は、実にバランスがいい。まず、文化、民族が近い。また、石油利権もバランス良く配置されており、それぞれ国家運営の基盤になりえる。欧米列強が勝手に引いた国境を取り除くかどうかは、それぞれの国民が選ぶことになろう。

この三つのイスラム共同体と、アジアのイスラム大国「インドネシア」などを加えて「イスラム教諸国連合」へと発展していく可能性は十分にあろう。アメリカ、ロシア、ヨーロッパの「キリスト教諸国連合」に続き、二大世界宗教が連合を作るわけだ。

この「イスラム教諸国連合」は、何より豊富なエネルギー資源を持っている。文明が「フリーエネルギー」を得て第４段階に進むには、まだ時間がかかり、当面は石油依存文明が続くと予想される。

これも後で述べたいが、この「イスラム教諸国連合」においても、新たな新基軸通貨構想が出てくる可能性は大いに考えられる。これを仮に「イスラム・ディナール」と呼ぼう。各イスラム共同体では、それぞれが国内通貨を発行する一方、この連合からも基軸通貨を発行して国際間の取引に使う。石油や天然ガスの裏づけをすれば、十分、国際的な信用を得る。このイスラム基軸通貨で「イスラム教諸国連合」をまとめていくわけだ。

油のために血と命を奪われてきたイスラム圏もまた、ようやく「神の祝福」を受けることになるのである。

◆パレスチナ問題は消滅する

こうなればイスラエル問題は終わったも同然となる。

もともとイスラエルは中近東の石油利権を確保するための「装置」であった。その役目が終わった以上、イスラエル問題も解決に向かうのは自然のことなのだ。

実際、現在のイスラエル国民は、その4割がソ連崩壊後に移住してきたニューカマー、ロシア系の「新イスラエル人」だ。シオニズムに熱狂して建国に携わった第1世代も影響力を落としている。つまり、ニュー・ワールド勢に加担してきた一部指導層を「戦犯裁判」できちんと裁けば、簡単に健全化するのだ。これはサウジアラビアも同様であろう。

その戦いはすでに始まっている。

2017年3月、アメリカのニューリーダーのひとり、ジョセフ・ダンフォード大将は、中近東を歴訪した。そこでトルコ、イラン、イラク、シリア、エジプトを回り、「反イスラエル」包囲網を形成しようと動いている。これは、イスラエルという国家を潰すのが目的ではない。あくまでもイスラエルに巣くってきたファシスト勢力を排除するのが目的なのだ。もちろん、この包囲網はサウジアラビアにも連動している。

こうして戦犯の排除が終われば、イスラエルは間違いなく健全化する。

そのときイスラム教諸国連合が、これまでの恨《うら》みとばかりにイスラエルを再占領することは、おそらくあるまい。占領したところで、どうするのか。真面目なユダヤ教徒たちをパレスチナから追放するというのか。ましてや、ジェノサイドなど不可能であろう。

時代はニュー・エイジ体制へと進んでいる。そんなことをすれば、せっかく生まれる「イスラム教諸国連合」は、即座に崩壊する。

一方のイスラエルにせよ、周囲をイスラム共同体で囲まれるのだ。イスラム教徒であるパレスチナを考慮しなければ国は成り立たない。

結局、政教分離した西洋型の政体となって新生イスラエルは「ただのユダヤ教徒の多い国」という形で落ち着くのではないだろうか。あるいは、パレスチナを分離独立させるか。いずれにせよ、それを決めるのはイスラエルの国民の判断となる。

三大宗教の聖地エルサレムを持つイスラエルは、健全化すれば、観光立国となるとともに、戦争で培《つちか》った高い技術もある。きっと良き国になるはずだ。

◆ドイツは別個にゲルマン連合を作る

話をヨーロッパに戻そう。

石油利権が確定したヨーロッパ各国は、ようやくニュー・エイジに向けて本格的に動き出す。それが各国におけるEU離脱の動きなのだ。

EU解体後のヨーロッパはどうなるのか。

ヨーロッパは伝統的に北のゲルマンと地中海のラテンが争ってきた。

つまり、ドイツを中心とした北欧諸国のゲルマン文化圏と、フランス、イタリア、スペインなどの地中海文明圏という二つの枠組みができることだろう。

ラテン地中海諸国は、今回のシリア騒乱でなんとか石油利権を確保した。負債を返済して国家再建する道筋が立った。もともとキリスト教諸国連合を推進してきたのは、バチカンの良識派である。大英帝国とともに積極的に参加していくことだろう。

では、北欧ゲルマン諸国はどうか。ゲルマン系であるドイツ、オーストリアと北欧圏は、同じキリスト教圏といえども、依然、ゲルマン神話を元にした宗教観が根強い。リヒャルト・ワーグナーの「ニーベルングの指環」や、トールキンの「ロード・オブ・ザ・リング（指輪物語）」といった世界観を持っているのだ。また、民族や文化もラテン系とは違う。そのためまずは「ゲルマン共同体」という形でまとまっていくとも考えられるのだ。

EU＝欧州連合ではなくGU＝ゲルマン連合である。

ただしEUの失敗を踏まえて、共通の域内通貨「ゲルマンマルク（GM）」だけでなく、中央財務省を作り、統一した「国家連合」を目指すのではないか。

ヨーロッパはロシアを中心とした軸と、ドイツを中心とした北欧ゲルマンという二つの軸で緩やかにまとまり、全体の枠組みとしてはアメリカを含めた「キリスト教諸国連合」という西洋文明国家を形成することになろう。

そのためにはイスラエル同様、ドイツに巣くってきたファシズム勢力の排除は不可欠となる。

その試金石となるのは、2017年9月のドイツ総選挙である。

メルケル首相が「第二のヒラリー・クリントン」となれば、この「ゲルマン国家連合」構想は、実現に向けて進んでいくのではないか。

本章を驚愕の表情で読んでいる読者の顔が浮かんでくる。どんなに信じられないとしても、そんな信じられないことに向かって加速するのが「ニュー・エイジ体制」なのである。

第6章 発足！ 東西が融和するニュー・エイジ体制

ニュー・ワールド勢の惨めな最期

◆「ニュー・エイジ」宣言

「トランプ政権は中国と戦争をするつもりなのか！」

ドナルド・トランプは、選挙公約で明言した通り、大統領就任後も中国に対する強硬路線を貫いている。中国にとって最もナーバスな「ひとつの中国」も認めないと発言、さらに台湾政府をバックアップするなど、盛んに中国を挑発している。

なによりトランプ政権は、南沙《なんさ》諸島で一歩も引かない構えだ。南沙諸島を軍事基地化した中国をアメリカ軍が誇る空母打撃艦隊（Carrier Strike Fleet）を派遣し、力尽くで排除する動きまで見せている。

こんな調子で大手メディアは騒いでいるが、読者は騙されてはならない。

繰り返し述べてきたように、世界はすでにニュー・エイジ体制へと移行している。米中の軍事衝突など絶対に起きないし、もちろん、この「米中対立」が、抜き差しならない敵対関係にまで発展することはない。

あくまでも利害調整の「交渉」を行っているだけなのだ。

それを理解するためにも、ここで読者には、この記事を読んでもらいたい。

「国連、『人類運命共同体の構築』を初めて決議に盛り込む」
（人民網日本語版　２０１７年2月13日）

国連社会開発委員会第55回会議は10日、「アフリカ開発のための新パートナーシップ（NEPAD）の社会的側面」に関する決議を一致して採決し、「人類運命共同体の構築」の理念が初めて国連決議に盛り込まれた。人民日報が伝えた。

この日、国連は同決議を通じて国際社会に対し、協力によるウィンウィンと人類運命共同体構築の精神に基づき、アフリカ経済と社会の発展に対するサポートを強化することを呼びかけた。同時に同決議はアフリカにおける経済協力を更に進めていくことを歓迎・促進し、「一帯一路」（the belt and road）の提唱等、同地域における相互接続の方策を推《お》し進めるとしている。

習近平国家主席は今年1月18日、ジュネーブのパレ・デ・ナシオンでハイレベル会議「共に協議して人類運命共同体を共に築く」に出席して基調演説を行い、人類運命共同体の理念を深く、全面的に、系統立てて明らかにした。国連決議に「人類運命共同体の構築」が盛り込まれたことは、同理念が国連加盟国に広く受け入れられ、中国がグローバル・ガバナンスにおいて多大な貢献を行ったことを体現している。（編集ＴＧ）

(http://j.people.com.cn/n3/2017/0213/c94474-9177158.html)

これこそが「ニュー・エイジ」宣言と言っていい。

逆に言えば、これまで国際連合は「人類は運命共同体」と認めてこなかったのだ。つまり、これまでの旧体制が一部の特権階級（ニュー・ワールド勢）と、その他大勢の奴隷という世界システムであったことが理解できよう。

この「ニュー・エイジ宣言」が、ドナルド・トランプ就任直後に発表されているのだ。中国とアメリカは、文字通り、ウィンウィンの関係であり、敵対する理由などどこにもない。

では、どうしてこれほど米中が「対立」しているように見えるのか。

第1章で紹介したように、ニュー・エイジ体制は、いわば東洋文明と西洋文明の融和、ようするに「結婚」という方向で進んでいく。

たとえば結婚のとき、何かと揉《も》めるのが互いの「実家」の格式というか、見栄やプライドであろう。

東洋文明と西洋文明の「結婚」を考えてみれば、西洋は「これまでは大金持ちだったが、現在は借金を抱えている」という家柄となろう。一方の東洋は「没落した名門だったが、最近は復権した」家柄となる。この両家が結婚するのだ。当然、見栄とプライド、さらに借金問題もあって、何かと騒ぐのは「西洋」となる。逆に「東洋」は、余裕があるので受け身的になる。ただし、あまり相手が調子に乗ってくれば厳しく「諫《いさ》める」立場となる。

これが現在の米中関係の実相なのである。

◆南沙諸島問題はシーレーン問題

この視点で南沙問題を見れば、事の本質がよくわかる。

南沙諸島海域は、もちろん、石油利権もあるが、それ以上に重要なのは、シーレーン（海路）の要衝《ようしょう》という点なのだ。

中近東からのエネルギー資源は、マラッカ海峡を通って、この南沙海域から中国と日本へと運ばれる。それだけでなくオーストラリアの鉱物資源、食糧、さらにインドネシアなどのエネルギーもまた、この航路を使う。

もし、この航路（シーレーン）が封鎖された場合、中国はもとより、日本は大きなダメージを受ける。中国と日本、さらに台湾と韓国も加えれば、この海域は世界でも屈指の流通量を誇る、いわば大動脈なのである。

それゆえ、20世紀以降、アメリカはフィリピンを押さえて、この海域を支配してきた。アメリカの西太平洋権益の要《かなめ》と言っていい。

とはいえ、この海域はアメリカの物流には、さほど関係はない。アメリカは、自分では使わない高速道路の利権だけ持っているようなものなのだ。

中国は、この海域を最も利用している。管理権を譲れ、というのは当然だろう。ましてや中国は莫大なお金をアメリカに貸しているのだ。

しかし、すでにヨーロッパからアジアに軸足を移しているトランプ政権としては、南沙諸島海域の利権を押さえてアメリカの存在意義を残したい、と考えているわけだ。

それだけの話なのだが、そこはアングロサクソンである。その交渉は非常にタフであり、日本人の感覚からすれば「やり過ぎだろう」という面も強い。

それが「空母艦隊派遣」なのである。

私がペンタゴン筋を取材した際、アメリカ軍は対中国との「南沙沖海戦」の軍事シミュレーションまで行っていた。

気になる内容だが、「アメリカ軍の圧勝」と胸を張っていた。

中国の海洋兵力を完全に潰し、軍事基地化したスプラトリー諸島を海兵隊で制圧。さらに海南島などの海軍基地も破壊する。そうして中国のシーレーン（海路）を掌握《しょうあく》して中国の輸出入を止めて締め上げ、南沙諸島の領有を断念させる。ここまでシミュレーションしていたのだ。

ちなみに、このシミュレーションには自衛隊の参戦も組み込まれている。

ジョセフ・ダンフォード大将がアメリカ軍トップとなった2015年10月以降、自衛隊の「正規軍化」が急速に進んできた。集団的自衛権の容認に加えて、軍事機密を守る特定機密情報保護法案、さらに「駆けつけ警護」といった安全保障関連法案が一気に整備された。これは安倍晋三が軍国主義者だからではない。この「南沙沖海戦」を見越して自衛隊を参戦させるべく、アメリカ軍が強く要求したからだ。それに唯々諾々《いいだくだく》と従っただけなのである。

安全保障関連法案が整備されたことで自衛隊の参戦は可能となった。とくに海上自衛隊はアメリカ海軍の「下請け」として整備されてきた組織である。昨今、海上自衛隊が就航《しゅうこう》させている空母型護衛艦はアメリカ海軍の軍用機が運用できる前提で設計されている。自衛隊が保有していない機体を運用できるようになっているのだ。その自衛隊の空母型護衛艦隊を後方支援として使い、さらに残りのイージス型護衛艦隊を沖縄の在日米軍基地周辺に配備する。自衛隊に守りを固めさせたうえで、アメリカ軍自慢の空母艦隊で中国海軍を叩きのめす。さらにロシアに太いパイプを持つ国務長官のティラーソンが動き、ロシアに中立を保つよう働きかける。これで万に一つも負けはない、そんな完璧なプランを立てていたのだ。

◆米中の挑発合戦は既定路線

ここで勘違いしてはならないのが、アメリカ軍が「本気」で戦争を仕掛けようとしているわけではない、という点である。あくまでも交渉の一環として、ここまでやるのだ。

アメリカの繰り出した軍事的威圧に中国はどうしたのか。

私がペンタゴン筋から「南沙沖海戦」のシミュレーションを聞いた後、突如、中国軍の高官から連絡が入った。会って話したいことがあるという。

そこで驚くべき情報を聞かされた。この軍の高官は「海戦をやれば、アメリカには勝てない」と認めたうえで、こう話したのだ。

「だから我々は地上で戦う。米軍が南沙を攻撃すれば、我々の軍は、国境に面する周辺国に流れ込む。朝鮮半島、東南アジア、インドと揉《も》めているカシミール地方に攻め入り、これらを占領して中国の領土にする」。そう断言したのだ。さすがのアメリカ軍でも中国軍が攻め込む予定の各国を守り切ることなど不可能である。

これも中国が本気で周辺国へ侵攻しようと目論《もくろ》んでいるわけではない。あくまでも出来るか、出来ないかの話なのだ。実際、先の中国軍の地上戦シミュレーションからは「ベトナム」が除外されていた。理由はベトナム軍が手強《てごわ》いからだという。いかに真剣に検討したのかが窺《うかが》えよう。

とはいえ、である。アメリカが「南沙諸島海域の利権」を諦めることはあるまい。

次に狙うのは、「悪口ボクシング」だ。リングには、手を後ろに回したボクサーが、パンチの代わりにトラッシュトーク（悪口）を言い合う。その挑発に乗ってパンチを繰り出し、殴《なぐ》ったほうが負けるという「ゲーム」である。今後、アメリカと中国は、盛んに挑発し合い、それで先に「攻撃」を仕掛けた陣営が国際世論で袋叩きに合って妥協を迫られる。先に殴られたほうは、負けることで「勝利」する、そんな「国際謀略ゲーム」（グレートゲーム）である。

ニュー・エイジ体制へと向かう過程で、この「悪口ボクシング」ゲームは、アメリカと中国だけでなく、あらゆるプレイヤーが参加することになろう。新たな枠組みを作る過程で、どうしても利権をめぐる争いが激化するのは当然のことだからである。

この「悪口ボクシング」という国際謀略は、全面戦争を防ぎ、戦火の拡大を最小限に抑える意味において、それほど悪くはない。たとえ世界各地で「軍事挑発」が頻発《ひんぱつ》し、軍事的緊張が高まったからといっても、しょせんは「悪口ボクシング」である。ニュー・ワールド・オーダーの時代のように酷《ひど》い戦火へと拡大することはない。あくまでも「利権争い」。金で片《かた》がつく話であり、だからこそ「安心」して激しく揉めている。ここを見誤らないでほしい。もはや、「戦争の世紀」は終わった。完全に落ち着くまでは小さな軍事衝突はあるかもしれないが、基本的に二度と悲惨な戦争を引き起こさないのが「ニュー・エイジ体制」なのだから――。

◆新機軸通貨をめぐる攻防

次の「交渉」の舞台は、新機軸通貨となる。

トランプ政権は「パリ協定」を白紙撤回した。

何度か述べてきたように「パリ協定」はロスチャイルド家が提案した新基軸通貨を発行する国際機関「国際版ＦＲＢ」の議決権である。それを白紙撤回した理由は簡単だろう。

この「パリ協定ドル」は、結局、ニュー・ワールド・オーダーにおいて基軸通貨の受益者であったロスチャイルド家を筆頭とした国際金融マフィアたちにとってメリットがあるのだ。彼らは「利権」の大半を失なうかもしれないが、それでも、十分おこぼれを得られる。次の新体制でも生き残れるからである。

しかし、トランプ政権が合意を破棄する。

それに中国も水面下で応じた。

――「世界元」構想である。

実際、経済的に躍進し、対「ニュー・ワールド・オーダー」戦争を主導してきた中国には、アジアの王族たちが賛同、膨大な金（ゴールド）が託《たく》されている。事実、世界の金の85パーセントがアジアに集中している。戦後、アメリカに集まっていた金は、FRBのドル支配システムのなかで流出し、21世紀になってアジアに戻ってきていたのだ。

中国は、この膨大な金（ゴールド）を使って中国主導の新基軸通貨に「金本位制」を導入するプランを、すでに打ち出しているのだ。

事実、中国銀行、つまり、人民元を発行する中央銀行がタイのバンコク空港に巨大看板を建てた。

黄金を散らせた看板には大きく「WORLD CURRENCY（世界通貨）」の文字。しかもWORLDのOの部分に「元」のマークが入っている（元のマークも¥だ）。ようするに金本位制の「世界元」を謳《うた》ったものなのだ。

この「世界元」構想には国際金融を司《つかさど》っているロスチャイルド家、ロンドン家が同調しているという。まあ、ロスチャイルドは自分のプランであったパリ協定を潰された恨《うら》みというより、もともと対立する両陣営に協力して、どちらが勝っても勝利者の地位を確保する手管《てくだ》に長《た》けている。それで両陣営にベット（賭け）したのだろう。

具体的に、どんなシステムになるのか。

おそらくＡＩＩＢをモデルに、まず中国が大量の金を拠出する。それに賛同する諸国家も金、それに相当する貴金属などを拠出して参加する。そうして金との兌換《だかん》紙幣である「世界元」を発行するわけだ。発行する機関は仮に「ＡＣＢ」（アジア通貨銀行）と呼ぼう。その議決権は拠出した金や貴金属の割合で決定される。そうして発行量と各国通貨との交換率を決める。国際版ＦＲＢ設立とまったく一緒のシステムであり、中国主導で「アジア（東洋）のＦＲＢ」を作るわけだ。

この「世界元」は金の裏づけによって最初から「価値」を持った世界で唯一の通貨となる。ここが重要なのだ。新通貨に最も重要な「信用」を簡単に得られるからである。ある意味、金貨と一緒なのだから当然であろう。信用があれば通貨は流通していく。いったん、流通すれば、使えば使うほど信用は高まる。信用が高くなれば、通貨量は拡大する。そうして短期間に普及する。金本位制の再導入は、現在のドルによって信頼が崩壊した「基軸通貨」の信用を再び高めるという点で非常に優れたアイディアなのである。

金本位制の場合、現在の世界貿易に必要な発行量をまかなえないのではないか、という意見もあろう。

中国銀行がタイ・バンコク空港に建てた
金本位制「世界元」を予告する巨大看板

それも金との交換比率を下げれば、簡単に解決する。重要なのは、ただの紙切れではない、ちゃんと「価値」を持った通貨を発行すること。価値のない紙切れ（ドル）によって、そこまで基軸通貨の信用がなくなっているのだ。

◆「世界元」構想の中国

つまり、中国を盟主とする「東洋」は、域内基軸通貨「アジア元」を打ち出し、「パリ協定基軸通貨」の他に別の選択肢を用意したと言っていい。

これにトランプ政権、新生アメリカも同調していくことになろう。

先に説明したように、アメリカ軍が主導するトランプ政権は、現在、水面下でロシア、ヨーロッパ主要国で西洋文明国家の枠組みである「キリスト教諸国連合」を構想している。となれば、この連合で「アジア元」同様、国際基軸通貨を発行すればいい、となる。その場合、アメリカは、財務省か国営中央銀行のいずれかで国内通貨である通称「トランプドル」を発行する。ロシアやヨーロッパ主要国も同様だ。

それとは別に「ユニオン中央財務省」もしくは「ユニオン中央銀行」で国際取引用の基軸通貨「ユニオンドル」を発行する。当然、それで得た通貨発行益は連合（ユニオン）の発展に大いに活用する。この「ユニオンドル」の価値の裏づけには、アメリカが高度な技術特許（パテント）と食糧、ロシアがエネルギー、ヨーロッパ主要国は工業製品といった形で保証協力すれば、信用を得ることができるだろう。

繰り返すが、単一の国際通貨という発想自体が旧時代的であり、ニュー・エイジ体制となれば、こだわる必然性はまったくない。

つまり、ニュー・エイジ体制における「基軸通貨」（ハードカレンシー）は、多極化することになるのだ。

東洋の「アジア元」。西洋の「ユニオンドル」。

これに第5章でも述べたように、イスラム教諸国連合による「イスラム・ディナール」。あとは、おそらくアフリカ諸国がまとまって「アフリカ同盟」が結成され、ここからも「汎《はん》アフリカ新基軸通貨」が登場するだろう。「21世紀はアフリカの世紀」と呼ばれるように、人口と資源に加えて、アフリカには未開発エリアが膨大にある。有望な国際通貨となろう。

同様に、ラテンアメリカ諸国も一つにまとまり、いずれ「ラテンアメリカ通貨」を発行するかもしれない。これまで中南米のラテンアメリカ諸国はニュー・ワールド勢による麻薬シンジケートや反政府ゲリラの存在で発展が阻害されてきた。もともと中南米は国土の豊かさや人口の点でも、また地政学的な観点からも恵まれている。ニュー・エイジ体制になれば、アフリカとともに大いなる発展が望めるエリアなのだ。

そうして五つの「ハードカレンシー」が登場する。それぞれに、きちんと「価値」の裏づけがある。国際取引できるだけの信用を持っている。その通貨発行益は、それぞれのエリアに莫大な「富」をもたらし、そのエリアの発展を促すことであろう。

◆中国は環境問題を克服する

ニュー・エイジ体制で、それぞれのエリアが、いかに発展するか。当然、経済の分野での駆け引きでアメリカ、正確に言えば西洋文明国家は、そうやすやすとは他のエリアに譲れないことであろう。

理由は簡単だ。あまりにも中国とアジア勢が強いからである。

とかく中国経済を不安視する言論を見かけるが、それに騙されてはならない。この手の言説は、すでにパターン化した典型的なプロパガンダだからである。

よく言われるのは、まず、中国経済はバブルが崩壊して不況に突入している。中国の産業は先進国に比べて高度な技術がない。さらに急速な工業化によって深刻な環境問題を抱えている、あとは軍拡によって旧ソ連同様、経済が破綻する、といったところだろう。

たしかに公害は深刻な問題で、私も中国政府の関係者に会うたびに「真剣に取り組んだほうがいい」と何度も指摘しているぐらいだ。

しかし、それで中国経済が失速することはない。むしろ、この環境問題によって中国経済は、さらなる躍進を迎えることだろう。

その理由の答えとなるのが「日本」なのである。

戦後、焼け野原になりながらも日本は「アメリカの工場」となって高度経済成長を遂《と》げていく。だが、1950年代からの急速な工業化の結果、1960年代後半から1970年代にかけて深刻な公害問題を引き起こした。2000年代の工業化によって2010年代、環境が悪化した中国は、ある意味、日本と同じ道を歩いているのだ。

さて、国内に公害問題を起こした日本は、先の「プロパガンダ」のように経済が崩壊しただろうか。むしろ、逆に環境問題を経て躍進している、それが「答え」だろう。

日本政府が真剣に公害対策に乗り出した1970年代初頭は、折しもニクソンショック(ドルの金兌換《だかん》廃止)と中東戦争勃発によるオイルショックが重なり、日本経済が深刻な不況に喘《あえ》いでいた時期に当たる。

その状況下で厳しい環境基準を定めれば、企業の負担は増大する。当然、財界からの反発は大きい。しかし深刻な公害に苦しむ事件が相次いだことを理由に日本政府は厳しい法規制を敷くことになる。

その結果、何が起こったのか。

景気が回復したのだ。理由は難しくない。このとき、日本の工場の多くは1950年代に作られた旧式のものが多かった。急いで作ったために煤煙《ばいえん》や廃液《はいえき》を垂れ流すだけでなく、工場の質も良くなかった。だから当時の日本製品は「安かろう悪かろう」であったのだ。

ここで厳しい環境基準の法律ができれば20年前の工場なのだから新規建て替えの動きが強まる。古い工場はどんどん潰して、どうせならば、と最新技術を積極的に導入する。1950年代は日本に外貨がなく最新の機械は導入できなかったが、高度成長を経たあとなので、高いライセンス料も支払える。それで日本の製造工場は先進国でも一気にトップレベルの質へと切り替わったのだ。また、平然と特許侵害をし、キャットコピーを繰り返す質の悪い経営者や企業は、このとき淘汰《とうた》された。

景気回復の特効薬は設備投資である。この設備投資が「環境問題」をきっかけに爆発的に増えたのだ。当然、失速した景気は回復する。

それだけではない。この旺盛な設備投資で急成長した企業も出てきた。産業機械、産業ロボットといった設備投資関連企業は、このとき、世界トップ企業となり、21世紀の日本経済を支えることになる。

また、自動車産業も発達した。1960年代までの日本車は、「走ればいい」というほどレベルが低かった。それが排ガス規制によって使用不能となれば、これまた旺盛《おうせい》な買い換え需要が出る。当たり前だが、最新の機械を導入した最新工場で環境基準を満たした自動車を作るのだ。品質が上がらないはずはあるまい。

こうした日本製品の高品質化に貢献したのは、最新の機械導入だけが要因ではない。それを使いこなす戦後世代の若い人が増えたのも大きかった。戦後の日本が高度成長した1960年代以降の世代は、景気が良かったこともあり、子どもの頃から高度な教育を受けてきた。その世代が1970年代にかけて日本中の工場、製造メーカーでいっせいに働き出した。それで品質管理が上手《うま》くいき、研究開発が加速度的に進んだのだ。

環境問題を経た1980年代以降、日本製品は高い品質を誇る「メイド・イン・ジャパン」として世界を席巻《せっけん》していく。日本政府は環境問題を「安かろう悪かろう」から「メイド・イン・ジャパン」に切り替わるきっかけにしたのだ。もっと言えば優れた不況対策にもなっていた。この時代の日本政府、いや、日本の官僚は本当に優秀だった。

さて、この日本のケースと、21世紀の中国の歩みを見比べてほしい。恐ろしいほどそっくりなことが理解できよう。

中国もまた、2000年代、「世界の工場」となって急速な工業化が進んで2010年代から深刻な公害に苦しむようになった。また、過剰生産が原因でリセッション（景気後退）の局面を迎えつつある。

深刻な不況に突入したタイミングを見計《みはか》らって中国政府が厳しい環境基準を定めたとしよう。間違いなく日本と同じ「結果」になるはずだ。

ちょうど建て替え時期になるわけだから、多くの工場はスクラップ&ビルドで、最新技術を導入した最新鋭の工場へと生まれ変わる。旺盛な設備投資で景気も回復する。

大気汚染の原因となっている古い自動車が駆逐《くちく》される。さらに環境基準が厳しければ厳しいほど買い替え需要は高まる。このタイミングを逃さなければ中国の自動車メーカーは大いに躍進することになろう。

現在は日本とドイツから輸入している製造機械（マザーマシン）や産業ロボットの分野も同様だ。この分野で世界的な中国企業が登場するかもしれない。

なにより、これからの中国は、労働力の質が劇的に向上する。2000年代以降の経済発展で、中国国内は異常なほどの教育熱が高まっていた。2020年以降、その中心世代が続々と一般企業に就職してくる。2000年代までは、政府の支援を受けた一部のエリートしか高度な教育を受けられなかった。それが中小企業に至るまで高度な教育を受けた人材が入ってくるのだ。楽々とハイテク機材を使いこなし、品質管理を徹底し、なおかつ、研究開発も進んでいく。

つまり、環境問題を奇貨《きか》にして、中国政府は安さが売りだった中国製品を、一気に高品質かつ高性能な「メイド・イン・チャイナ」へと転換させようと考えているのだ。

私は中国の高官から、鄧小平《とうしょうへい》、当時の中国の指導者たちの指示で1970年代後半から、来たるべき改革開放政策に向けて徹底的に戦後の日本経済を研究してきたと聞いている。

当然、彼らは、日本の1960年代の高度成長のあと、1970年代の公害問題からのステップアップを知らないはずはない。

中国当局は、厳しい環境基準を定めるタイミングを見計らっているだけなのだ。

2020年以降、中国の「環境ビジネス」は、間違いなく一大産業に発展しよう。汚染した物質を除去するといった「第2のインフラ整備」となる。

そこで登場するのがAIIBである。すでに中国のインフラは、一通り終わっている。そこで「環境ビジネス」に投資を集中させていく。ビジネスが大きくなればなるほど、たくさんの人が仕事を得る。内需の拡大へとつながることだろう。

軍拡にせよ、そもそも中国は14億人、一説には16億人の人口を抱える巨大国家である。たとえ中国が現状240万人の兵力を抱えているにしても、人口規模から言えば多すぎることはないのだ。自衛隊30万人の日本が14個あるような国なのだ。決して過剰な軍備とは言えまい。むしろ、今までが少なすぎただけの話なのだ。

ちなみに中国軍は正式には「人民解放軍」という、ちょっと変わった組織になっている。ある意味、中国の伝統なのだろう。戦区と呼ばれる軍管区は、その方面軍が独自にビジネスすることを認めている。軍に就職したら軍が経営するホテルマンになったという話は珍しくない。戦区ごとの方面軍は、現地で財閥を形成しているぐらいだ。

ＩＴ分野で世界的企業となった「ファーウェイ（華為技術有限公司）」も、実質、軍の経営なのである。１９８０年代、中国軍で使う通信機器を輸入に頼っていたために軍の技術者に資金援助して「軍専用の通信機器」を製造する会社を作らせた。それがファーウェイなのだ。軍の機密を扱う以上、株式も軍が押さえているはずで、いわば「軍営企業」なのである。

金喰《く》い虫の「軍」が、自分で自分の食い扶持《ぶち》を稼いでいるとも言え、財政の負担は思ったより大きくはない。まあ、金儲けに熱心なのは軍隊としてどうなのか、という問題はあるが、戦争に熱心になるよりはマシであろう。

とかく日本のメディアの一部は「中国軍脅威論」をことさら強調する。むしろ脅威なのはファーウェイを持つ「軍営企業」との競争ではないか、と指摘しておきたい。

◆中国経済のスケールには誰も敵《かな》わない

次に、「トランプドル」を発行して経済再建に成功した場合、アメリカは中国製品を締め出すのか、といえば、それも間違いである。

国内産業の立て直しに成功したとしても、アメリカは今後も大量の中国製品を輸入することになるからだ。

先進国の国内産業は、基本的に「高付加価値」の高級品に特化する。当然の話なのだ。先進国は、もともと人件費や地価が高い。安価な商品を作ったところで利益は出ない。実際、日本でも冷蔵庫やテレビの生産から撤退している。国内生産の採算ラインは1ドル150円と言われており、それ以上の円高になれば、海外で作った商品を輸入したほうが商品価格も下がり、会社の利益も増えるからだ。

こうした大衆向けの消費財や大量消費する生活必需品は、スケールメリットがビジネスの基本となる。よりたくさん作った企業の商品ほど品質が高くて値段も安くなる。生産量の少ない同業他社は潰れ、グローバル企業がひとり勝ちになりやすいのだ。

このスケールメリットを最大限の武器にしているのが、いうまでもなく中国企業である。

なにせ14億人の需要を見込めるのだ。それを前提に生産する以上、大量消費財の分野では中国企業が圧倒的に強い。

たとえ「トランプドル」を導入して通貨を切り下げたとしても、大衆向け消費財や大量消費する消耗財の分野でアメリカ国民の中国製品に対する需要はなくならない。

いずれにせよ、ニュー・エイジ体制になれば、世界経済全体が大きく発展する。その恩恵を真っ先に受けるのは、年収1万ドル以下だった貧困層である。彼らの多くは、年収1万ドルから2万ドルといった低所得者層から中間層へと成長することだろう。貧困から抜け出したといえども、それほど購買力はすぐに大きくはならない。アメリカや日本などの先進国の製品が欲しかったとしても手を出せないのだ。その結果、比較的安価な中国製品を購入する。こうして中国企業は、さらにスケールメリットを大きくして競争力を高める。

そもそも国内に「14億人の市場」を持っている時点で反則なのである。どんな優秀な企業でも、なかなか太刀《たち》打ちできるものではないのだ。

ニュー・エイジ体制の時代は、中国を盟主とする東洋（アジア）と、新生アメリカを盟主とする西洋（欧米列強）という新たな東西による健全な競争のなかで発展していく。

決して新たな「冷戦」の始まりではないのだ。

なぜなら、人類は運命共同体であり、その競争はウィンウィンの関係となるからである。発展する世界経済のなか、ともに競い合い、豊かさを享受《きょうじゅ》する。勝者は生まれても誰も敗者にはならないのだ。

いや、唯一の「敗者」となるのが、誰もが到来を待ち望む素晴らしい「時代」になることを妨げようとしている連中である。

そう、ニュー・ワールド勢の残党と、その協力者たちである。

その「残党狩り」は、アメリカ大統領選挙の後、世界中で「浄化キャンペーン」となって噴出している。

◆始まったナチスの残党狩り

まず今、アメリカで起こっているのは、ブッシュ家を中心としたナチス派、つまり、ドラッグ、武器密輸、人身売買を行って国際犯罪ネットワークを形成してきた正真正銘の犯罪者たちの罪を明らかにして逮捕することだ。

事実、トランプ政権になるや、「性的児童虐待ネットワーク」の解体キャンペーンが始まった。とある王族筋から聞いた情報によれば「政権の駐イタリア大使に任命されたルイス・

アイゼンバーグ（Lewis Eisenberg）という男が、13歳の少女との性的関係をネタにドナルド・トランプを脅迫していた」という。

トランプ政権のバックにいるアメリカ軍が、その事態に気づいたことでアイゼンバーグを締め上げ、その「脅迫」を止《や》めさせたという。

また、この動きは日本でも起こっている。右翼筋によればアイゼンバーグは「ロスチャイルド一族のパリ家」やフランスのセメント大手「ラファージュ（現ラファージュホルシム）」を通じて麻生太郎を管理していたという。アイゼンバーグは、ともにジャパンハンドラーズとして暗躍していたリチャード・アーミテージやマイケル・グリーンに命令を下していた人間のひとりであり、彼の上にはトランプから入閣を拒否されたネオコン・タカ派のエリオット・エイブラムス（Elliott Abrams）などがいる。

少なくとも日本は、この「浄化キャンペーン」の余禄《よろく》を受け、労せずしてジャパンハンドラーズの排除に成功した。にもかかわらず、真の独立へと動かない現在の政治家たちは、本当に情けない。それについては、エピローグで語っていきたい。

一方のドナルド・トランプ大統領は、精力的に活動している。2017年2月24日、自ら「人身売買業者の取り締まり強化」を呼びかけ、「児童虐待ネットワーク」に関与する政治家らの逮捕へと動き出した。その証拠にヒラリー陣営の選挙対策責任者を務めていたジョン・

ポデスタ（オバマ政権の大統領顧問）が子どもたちを虐待（拷問）している音声を収めた疑惑の動画がネットにアップされている。あまり気分のいいものではないのでお勧めはしないが、一応、その動画のリンクを明記しておく。

（https://www.youtube.com/watch?v=JHe8X6ki_8A）

これに連動してのことだろう。ロスチャイルドのロンドン家当主であるエヴェリン・ロスチャイルドの妻である「リン・ド・ロスチャイルド」（ヒラリーのスポンサーだった）が「you have destroyed a great family and are a loser（あなたは偉大な家族を破壊した負け犬だ）」と、大統領選でヒラリーの選対本部長を務めたジョン・ポデスタを攻撃するツィートを発信している（http://yournewswire.com/rothschild-pizzagate-podesta-twitter/）。タイミングからして、児童虐待動画が流出したポデスタを「トカゲの尻尾切り」で追い落としてロスチャイルド一族の延命を図《はか》っているのだろう。

いずれにせよ、トランプは大統領就任以降、たった2カ月ほどの間に全米で3000名を超える人身売買容疑者たちを逮捕している。これらは現場の下っ端にすぎない。本命は「児童性愛」を恐喝《きょうかつ》と支配に使うために人身売買を命じてきた黒幕、ニュー・ワールド勢となる。

逆に言えば、これほど露骨に人身売買を行いながら、ブッシュ、クリントン、オバマ政権時代のアメリカは何もせず見逃してきた。というより、この連中が黒幕だから現場の犯罪者たちは捕まりもせず、のうのうとしてきたのだ。

そして、真っ先に逮捕となりそうなのが、トランプ批判勢力の急先鋒《きゅうせんぽう》であり、いまだに「トランプはロシアの回し者だ」との批判を繰り返すジョン・マケイン上院議員であろう。私はCIA筋から、マケインの不正の「証拠」を入手した。

その内容は2017年2月20日、突如、心臓発作のため「急死」したロシアの国連大使ヴィタリー・チュルキン（Vitaly Churkin）に宛てられた手紙である（次頁参照）。マケインは、2008年の大統領選に出馬していた。この手紙にはロシア政府に政治献金を要求する内容が綴《つづ》られている。もちろん、アメリカの政治家が外国政府に政治献金を要求することは完全な法令違反だ。

それに対するチュルキンの回答は、「ロシアの政府関係機関が、外国の政治活動に資金を提供しないことを再確認したい」と書かれている。つまりは断ったのだ。その証拠となる文書も紹介しておこう（次々頁参照）。

実は、このヴィタリー・チュルキン国連大使の急死の前に、確認されているだけでも昨年末から6～8人のロシア人外交官が立て続けに死亡しているのだ。状況から考えて、間違いなく「暗殺」であろう。CIA筋はナチス派の卑劣なやり口に対抗するために、ロシア政府から入手したマケインの不正の証拠を暴露したと思われる。

ＣＩＡ筋から入手したジョン・マケイン上院議員の不正の決定的証拠

-4-

Please know this - we will not concede any region to the Democrats. We will make them fight us on their own turf because we have listened to voters all across the country and we understand that they want more than just empty words and petty partisan bickering. Americans want solutions and we are ready to deliver real reform and lasting change, not just slogans.

With your immediate support we Republicans will have the resources we need in these final days leading up to the elections to take our campaign to America's voters, present our goals and accomplishments, and outline how we will use our political leadership to solve our nation's most serious problems - and move our country toward a safe and prosperous future for all.

So please, sign and return your PLEDGE OF SUPPORT, along with your contribution of $35, $50, $100, $500, $1,000, $2,500 or even $5,000 to the McCain-Palin Victory 2008 today.

The McCain-Palin Victory 2008 also includes the McCain-Pal in Compliance Fund, to which the federal election laws permit you to contribute up to $2,300 to help offset the McCain-Palin 2008 campaign's legal and accounting costs incurred during the campaign. This money will also be used so the campaign doesn't have to pay legal and accounting costs from the general campaign account, which means more money for "get-out-the-vote" mailers, yard signs, bumper stickers and advertising in battleground states.

If J have the honor of continuing to serve you, I make you this promise: We will always put America - her strength, her ideals, her future - before every other consideration.

Thank you for your support of our Party and our country. I hope to hear from you soon.

Sincerely,

John McCain

P.S. The outcome of the November election will not be determined on the day we go to the polls. It will be determined by what we do in these final days and weeks leading up to that historic day.

If you believe as I do that the differences between our Republican candidates and the Obama Democrats are very real and very important; and that the stakes are indeed great, then I urge you to join with us today.

Please, sign your PLEDGE OF SUPPORT and include your contribution of $35, $50, $100, $500, $1,000, $2,500 or even $5,000 today. Thank you.

ロシアはマケインの要請を断った！

Постоянное Представительство
Российской Федерации
при
Организации Объединенных
Наций

Phone: (212) 861-4900

Permanent Mission
of the Russian Federation
to the United Nations
136 East 67th Street
New York, NY 10065

Fax: (212) 628-0252
517-7427

STATEMENT

20 October 2008

ON FUNDRAISING LETTER FROM JOHN MCCAIN ELECTION CAMPAIGN

We have received a letter from Senator John McCain requesting financial contribution to his Presidential campaign.

In this connection we would like to reiterate that Russian officials, the Permanent Mission of the Russian Federation to the United Nations or the Russian Government do not finance political activity in foreign countries.

当たり前だが、「恐《おそ》ロシア」の異名を持つプーチン率いるロシアが、外交官を殺されて黙っているはずはない。その反撃の「手始め」にマケインの不正を暴露したのだろう。トランプ政権が「軍事政権」であるのは、このナチス派残党狩りという「内戦」を実行するためであるのが、よく理解できよう。

◆サルマン国王訪日の理由

第5章では中東の石油利権の争奪戦が終わったことでイスラム圏の再編が始まると紹介した。また、そのためには、それまで中近東でニュー・ワールド勢に加担していたイスラエルやサウジアラビアのトップたちを処断する必要があるとも述べた。

その動きは、２０１７年３月現在、加速している。

２０１７年１月初旬、イスラエルのネタニヤフ首相が「贈収賄容疑」で警察当局の尋問を受けているのだ。イスラエル警察は、はっきりと「首相の汚職に関する捜査は今も継続している」と述べており、多くの論客やアナリストたちも、こぞって「ネタニヤフ逮捕」を示唆《しさ》しているぐらいだ。

そのためだろう。イギリス情報機関筋によれば、ネタニヤフは中国を訪問したという。どこも亡命を認めてくれなかった結果、中国に「身の安全」を求めているらしい。

これに連動してイスラエルと同盟関係にあったサウジアラビア王族も瀬戸際まで追い詰められている。インドネシア在住のＣＩＡ筋によれば、サルマン王および王子25名とその家族がインドネシアに亡命すべく動き出したという。

さて、そのサウジアラビアのサルマン国王だが、同年3月13日、突如、訪日した。

なぜ、日本に来たのか。その「答え」となるのが、次のニュースである。


「孫正義社長、サウジのサルマン国王と会談――日テレNEWS24」

ソフトバンクグループの孫正義社長が、サウジアラビアのサルマン国王と会談を行った。孫社長は、ソフトバンクがサウジアラビアなどとつくる10兆円規模のファンドを通じ、IoTなど最先端技術の分野に投資していくことを確認したと説明した。

(www.news24.jp/articles/2017/03/15/06356480.html)


どうしてサウジの王様がソフトバンクの孫正義に「10兆円」をプレゼントしなければならないのか。それは、本人にその自覚があるかどうかは別にして、サウジアラビアとロックフェラーがエージェントとして白羽の矢を立てたのが孫正義だからである。

事実、孫正義が率いるソフトバンクは、２０１７年2月15日、「米投資会社フォートレス・インベストメントを買収することで合意した」と発表している。このフォートレス・インベストメントは、ロックフェラーが資金提供している投資会社であり、日本の国政選挙システムを独占的に提供し、不正選挙疑惑も取り沙汰《ざた》されている「株式会社ムサシ」の事実上の所有者である。

孫正義の役割は何か。そこで思い出すのが、孫正義が大統領選に勝ったドナルド・トランプを電撃訪問したことである。


「米に5・7兆円投資　孫正義氏、トランプ氏と会談 雇用5万人創出」

（日本経済新聞／２０１６年10月7日10時11分）

【ニューヨーク＝高橋里奈】ソフトバンクグループの孫正義社長は6日午後（日本時間7日未明）、トランプ次期米大統領とニューヨークの「トランプタワー」で約45分間会談した。総額５００億ドル（約5兆７０００億円）を米国でＩＴ（情報技術）分野を中心にした新興企業に投資し、５万人の雇用を生みだすとトランプ氏に約束した。

（http://www.nikkei.com/article/DGXLASGM07H27_X01C16A2MM0000/）

ソフトバンクは企業買収を繰り返し、有利子負債は12兆円にのぼる。事実上、破綻している「ゾンビ」企業が、どうして6兆円近い投資ができるのか。その答えが2016年10月、サウジアラビアのムハンマド副皇太子との間で合意した「10兆円」の共同ファンドなのだ。つまり、サウジアラビアとロックフェラーは、この「10兆円」を手土産にして「恩赦《おんしゃ》」を図《はか》ったのだろう。

だが、トランプ政権のバックにいるアメリカ軍の判断で、トランプはあっさりと断った。事実、孫正義との会談後、トランプは「マサ（孫氏）は『トランプ氏が選挙で勝たなければこんなことは決してしなかっただろう』と言った」とツイッターに投稿している。

これで今回のサルマン国王の訪日の理由も見えてくるだろう。トランプが受け取らなかったことで、その「1000億ドル」を使い、今度はインドネシア政府にサウジアラビア王族の亡命を打診する交渉の「旅」に出ているというのが、今回のインンドネシア、日本、中国をめぐるサルマン国王の訪問の理由なのだ。そして、どこも受け入れを拒否している。

ようするに「世界で一番、豪華な難民一行」というのが、このサウジアラビア王族なのだ。ちなみにメディアに登場しているサルマン国王は「替え玉」だ。誰がどう見ても80歳過ぎには見えないほど若々しい。そんな茶番劇に各国が付き合ったのも、まだ現金を持っているからであろう。いくらお金があろうが、彼らは自分の身の安全を守ることすらできなくなっているのだ。

◆オバマがタヒチへ逃げた

こうした「浄化キャンペーン」は、アメリカを根拠地としてきたニュー・ワールド勢にとどまらない。ニュー・ワールド勢全体にも及んでいる。

とくにブッシュのナチス派が失墜《しっつい》するなか、ニュー・ワールド勢の主流となってきたのがロスチャイルドのフランス家を筆頭とした国際金融マフィアの勢力であろう。

そこでバラク・オバマだ。いくらニュー・ワールド勢の傀儡《かいらい》だったとはいえ、曲がりなりにもアメリカ大統領を二期務めたのだ。本来ならば、アイビーリーグの名門大学の教授職なり、国際政治のシンクタンクで活躍しておかしくない。

だが、表舞台から消え、表に出てくるのはリゾート地で遊びほうけている映像ぐらいだろう。それもそのはずだった。ペンタゴン筋によれば、バラク・オバマは麻薬密輸容疑で摘発されることを恐れてタヒチ島に身を寄せているという。それについては、米海軍参謀サイト：Sorcha Faalの記事でも同じニュースが確認できる。

記事には、2017年2月16日にオバマが関係している「レディ・ミシェル（Lady

Michelle)」という名の漁船から4・2トンのコカイン（推定1億2500万ドル）が押収された件で米財務省の「金融犯罪執行ネットワーク（FinCEN）」が、調査を始め、オバマはその追及から逃れるためにフランス領土のタヒチ島へ飛んだと書かれている。

ＦＢＩがオバマを聴取するためフランス当局に働きかけているものの、アメリカ側の要請はフランス政府によって拒否されているという。

たしかに、オバマの「休暇」は不自然で、事実、アメリカのマスコミも休暇中にもかかわらずオバマがミシェル夫人を伴わずにひとりでタヒチ島に滞在していることをニュースとして報じている。

先のペンタゴン筋は、「オバマがフランス領のタヒチ島に逃げたということは、彼が実質的にロスチャイルド一族のパリ家に保護されていることを意味している」と語っている。しかし、ロスチャイルド一族パリ家の長老、ダヴィッド・ド・ロスチャイルドとベンジャミン・ド・ロスチャイルドも詐欺や横領などの容疑でフランス当局から追われている身だ。

いずれにせよ、ペンタゴン筋は「このままフランス政府が要請に応じないのであれば、軍の特殊部隊を送り込んででもオバマの身柄を押さえる」と話している。

また在ヨーロッパＣＩＡ筋によると、２０１７年の4月から5月にかけて行われるフランス大統領選で、もし極右政党「国民戦線」のマリーヌ・ル・ペン党首が勝てば、オバマが受

4.2トン（1億2500万ドル）のコカインが押収された、オバマが関係している漁船「レディ・ミッシェル」号

2017年2月16日

http://www.whatdoesitmean.com/index2263.htm

けているフランス政府の保護も自ずと解除されるだろうと予測している。

◆金正男は生きている

ニュー・エイジ体制への移行で追い詰められたニュー・ワールド勢の最後のあがきは、多くの国際事件まで引き起こすようになった。

——金正男《キムジョンナム》の「暗殺」事件、である。

暗殺にカギ括弧をつけたのは、この暗殺がフェイクであるからだ。実は、金正男は「生きている」と、私は聞いている。

この極秘情報を伝えてきたのは、グノーシス派イルミナティの幹部筋だ。2017年3月13日に発生した「北朝鮮の金正男暗殺」はアメリカと中国による「北朝鮮の取り合い」が発端だったという。

もともと中国が金正男という「カード」を押さえていたのは、いざとなれば金正恩《キムジョンウン》を排除し、金正男か、もしくは、その長男・金漢率《キムハンソル》を擁立して北朝鮮に中国の傀儡政権を作ることが可能だからである。

とかく北朝鮮は国民に大量の餓死者を出す「最貧国」として扱われるが、国家としてみた場合、石炭、銅、金、黒鉛、マグネサイト、亜鉛などを産出している。他にはレアメタルのタングステンやニッケル、モリブデン、マンガン、コバルト、チタニウム……などなど、北朝鮮は世界に稀な資源大国なのである。いわば北朝鮮は、宝の山の上で餓死者の山を作っているのだ。

それだけに現体制を排除して北朝鮮を「乗っ取る」計画は、国を豊かにして国民を幸せにするだけに一概に否定はできまい。

対してアメリカは、長年、北朝鮮を半ば植民地化してきたという事実がある。その実行部隊がアメリカのナチス派で、北朝鮮を覚醒剤基地にして武器の密輸なども行ってきた。そのナチスを潰した後も、当然、アメリカ軍は北朝鮮利権を押さえている。

つまりは「金正恩を傀儡としてきたアメリカ」が「金正男を傀儡にしたい中国」を牽制して暗殺を実行した、と、グノーシス派の幹部は語るのである。

ところが中国筋の情報では、このアメリカの動きを察知して、いち早く、金正男親子を保護、替え玉を用意して「アメリカの暗殺」に対処したともいう。

一方で金正恩自身、権力者としても優秀であり、かつ、北の金王朝は、唯一、残されたアジア的な王朝の在り方らしい。それで韓国の朴槿恵を弾劾裁判で排除し、北朝鮮主導の統一を行い、地下資源を担保に「統一朝鮮」にする構想も動いているという。つまり、北朝鮮に巣くってきたアメリカのナチス派を排除すれば、金正恩は、統一朝鮮を豊かな国家にするだけの力量があるのではないか、と見込まれているのだ。

それゆえに、と言っていいだろう。複数の筋からは、なんと「ロスチャイルド一族も北朝鮮の地下資源を狙っている」との情報が寄せられてきているのだ。

同筋らによると、ロスチャイルドは「実兄を暗殺した」ことで金正恩の国際的な評判を落とす目的で（ゆくゆくは政権転覆を狙って）金正男の偽《にせ》暗殺劇を企てたのだという。その狙いは、金正男の長男である金漢率を北朝鮮の新指導者に据えて、莫大な地下資源の収奪を図ること。ロスチャイルドが担ごうとしていた「金漢率」は偽物だと、情報筋では断言している。先にも述べたよう北朝鮮の金体制（金王朝）は、アジア的な王朝ゆえに価値がある。偽物では血統を重んじるアジアの王族連合には認められず、このロスチャイルドの工作は失敗に終わる、と見ている。

いわば、複数の国際謀略が同時進行で行われた結果、実に複雑怪奇な状況を生み出し、混沌としていることがわかるだろう。

いずれにせよ、一つ言えるのは、これまで半ば「アンタッチャブル」となってきた北朝鮮に対して、韓国と統一するのかどうかも含めて、ニュー・エイジ体制における「枠組み」の動きが出てきた、というのは間違いあるまい。

◆人類史上最大の詐欺事件

最後にニュー・ワールド勢の最後のあがきを紹介しよう。

ニュー・エイジ体制への移行期で、もう一つ、重要なのは、これまで隠されてきたニュー・ワールド勢の「犯罪行為」を表に出すことにある。

それが「リーマンショック」における巨額詐欺事件なのである。

読者は不思議に思ったことはないだろうか。

2008年、リーマンショックの際、世界経済はいったん、クラッシュしたはずだ。なにせ日本のバブル崩壊の何十倍、何百倍の規模で起こったにもかかわらず、わずか2、3年で何事もないように世界経済は回り出した。

そこで行われた謀略が、金（ゴールド）を使った巨額詐欺であったのだ。

この実態については、2012年2月16日、イギリスのロード・ブラックヒース議員がイギリス議会で詳しく証言している。

そのからくりを詳しく説明しよう。

まず、以前から言うようにリーマンショック自体、「意図的に引き起こされた金融危機」

であったことは間違いない。その目的というのも、やはり「すべての株や不動産などの値を急降下させ、米連銀が詐欺的に作った資金を使って二束三文で世界中の資産を買い占めること」であったのだ。そのＣＩＡ筋の資料と以前に寄せられた情報を総合すると、ニュー・ワールド勢が実行した工作の全容は以下の通りである。

まず、ヨハネス・リアディ（Yohannes Riyadi）というアジアの金保有者から「７００トンの金（ゴールド）」を5億ドルで買い取る。

その直後、その金をベースに１０００倍のレバレッジをかけ、ウィルフレド・サラビア（Wilfredo Sarabia）という男を通じて「75万トン分の金裏づけ債券」を発行、その債券を担保に米連銀が23兆ドルのおカネを生み出す。

ここで注目してほしいのは、７００トンのリアルな金をベースにして、75万トンの金が幻想として生じたことである。表向き、金の総産出量は14万トンとされている。その5倍以上もの金が突然「存在する」こととなったのだ。

これには「ＪＰモルガン」や「ロイヤルバンク・オブ・スコットランド」、「ＨＳＢＣホールディングス」……など、そうそうたる金融機関が関与していることがわかっている。

私は、リーマンショック以来、この「人類史上最大の詐欺事件」のからくり自体は、自著やメールマガジンなどで何度も説明してきた。

ただし、その決定的な「証拠」は残念ながら持っていなかった。それが今回、「浄化キャンペーン」として、CIA筋から入手できた。

一連の「浄化キャンペーン」は、国際金融マフィアなどのニュー・ワールド勢が行ってきた数多くの犯罪行為と「歴史の真実」を明るみにしてきた。その一つ一つが、ニュー・エイジ体制に向かう歩みとなる。

だからこそ、ニュー・ワールド勢残党の「暴走」を厳しく監視しなければならないのだ。事実、ナチス派ハザールマフィアは最後のあがきに出ようとしている。その極秘情報を昨年10月、キャッチした。驚かずに聞いてほしい。

なんと、41兆ドル。円換算で4100兆円という天文学的な額の「詐欺」をしようとしているというのだ！

実際、私のところに2016年10月、「ロスチャイルド一族が再び大型詐欺を企《たくら》んでいる」との情報が集まってきた。この情報を伝えたニール・キーナン氏によると、偽造書類製造のスペシャリストであるウィルフレッド・サラビアという人物が、すでに「100万トン分の金裏づけ債券」を偽造したという。ウィルフレッド・サラビアはリーマンショックの際に計画した大型詐欺でも暗躍している。

キーナン氏は「この工作には、マレーシアのナジブ・ラザク首相や米連銀（FRB）のジ

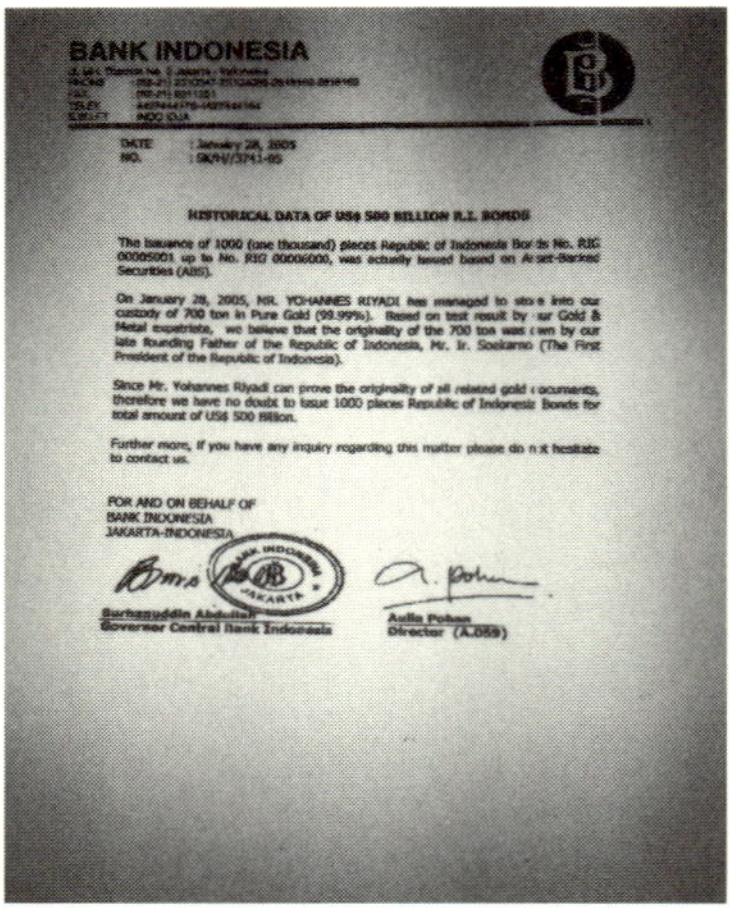

BANK INDONESIA

DATE : January 28, 2005
NO. : SK/H/3741-05

HISTORICAL DATA OF US$ 500 BILLION R.I. BONDS

The issuance of 1000 (one thousand) pieces Republic of Indonesia Bonds No. RIG 00005001 up to No. RIG 00006000, was actually issued based on Asset-Backed Securities (ABS).

On January 28, 2005, MR. YOHANNES RIYADI has managed to store into our custody of 700 ton in Pure Gold (99.99%). Based on test result by our Gold & Metal expatriate, we believe that the originality of the 700 ton was own by our late founding Father of the Republic of Indonesia, Mr. Ir. Soekarno (The First President of the Republic of Indonesia).

Since Mr. Yohannes Riyadi can prove the originality of all related gold documents, therefore we have no doubt to issue 1000 pieces Republic of Indonesia Bonds for total amount of US$ 500 Billion.

Further more, if you have any inquiry regarding this matter please do not hesitate to contact us.

FOR AND ON BEHALF OF
BANK INDONESIA
JAKARTA-INDONESIA

Burhanuddin Abdullah
Governor Central Bank Indonesia

Aulia Pohan
Director (A.059)

BANK INDONESIA
Jl. MH. Thamrin No. 2 Jakarta - Indonesia
PHONE : (62-21) 2310847-23104088-3818162-3818163
FAX : (62-21) 2311251
TELEX : 4427444178-4427444164
S.W.I.F.T : INDO IDJA

Date: July 7, 2008
Ref.: BI-SIR/04728/07

IN STRICT CONFIDENCE AND NOT FOR PUBLIC DISCLOSURE

Ref: Mr. Yohannes Riyadi

Mr.Yohannes Riyadi, bearer of Indonesia Passport Number: P 437061, is a long standing and valued client of our bank and holds accounts of significance here with substantial amount of Gold deposits.

Furthermore, our bank facilitates a Private Investment Platform with the US Treasury and Federal Reserve Bank, New York of which he is a nominated Beneficiary via US Treasury Cheques and Safekeeping Receipts for use in appropriate, approved investments.

Brief History of the Funds
Herein described is how these Funds are earned:
Investment with the Federal Reserve Bank, as per;
FED CONTRACT#: FRB-NY-2003 03 4476531 NA
Outcome of Investments paid in United States Treasury Checks.

For and on behalf of
Bank Indonesia
Jakarta-Indonesia

Boediono
Governor

FEDERAL RESERVE BANK
S.W.I.F.T. TRANSMISSION

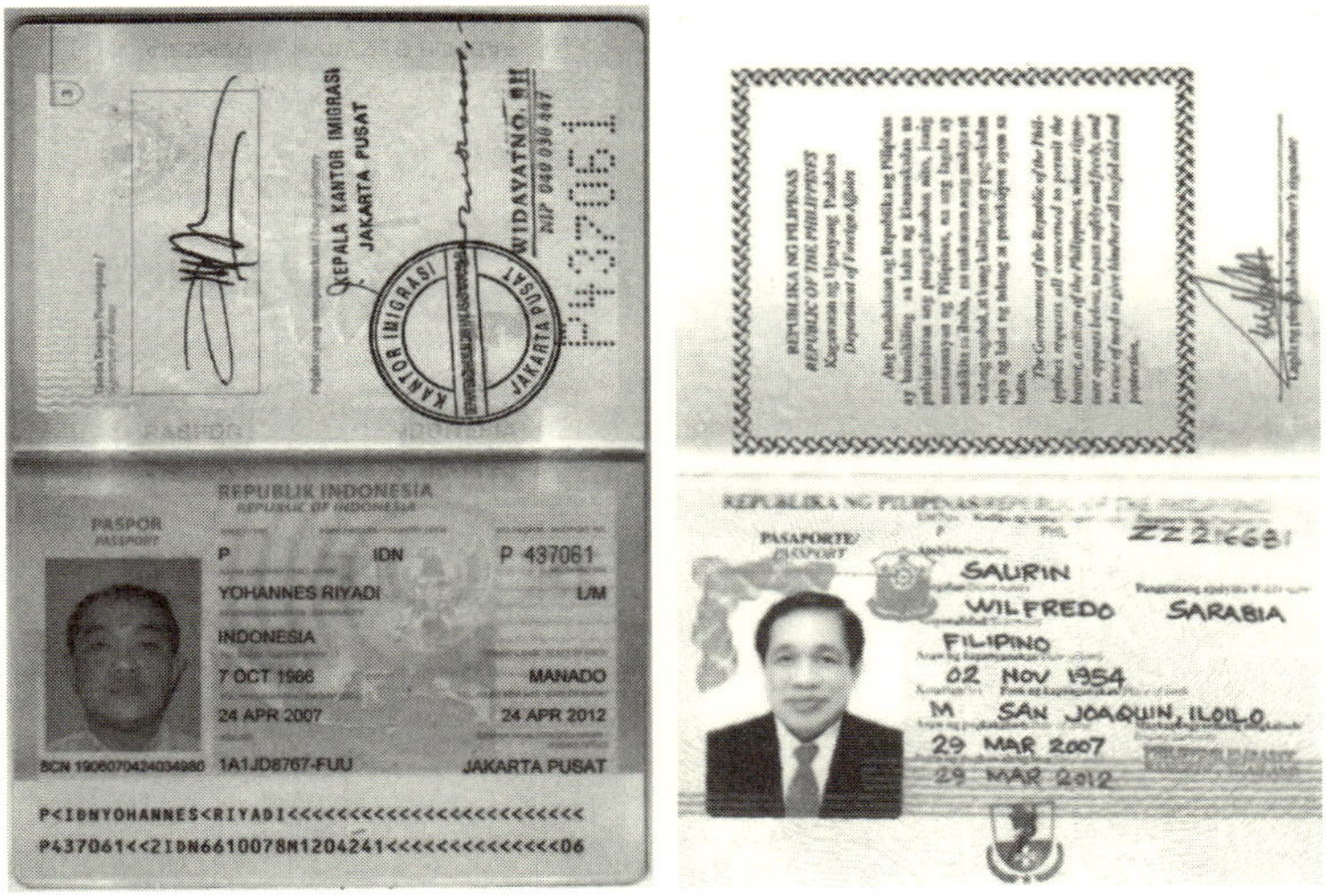

ＣＩＡ筋から入手した金75万トンの
巨大詐欺の決定的証拠
実行犯２人のパスポート（上）
インドネシア銀行と米連邦銀行の文書写し
（右頁）

ャネット・イエレン議長、イングランド銀行のマーク・カーニー総裁……など、いつものメンバーが絡んでいる」と伝えている。

(http://neilkeenan.com/neil-keenan-update-globalists-desperation-health-and-wellness-the-end-of-big-pharma/)

ようするに、「リーマンショックの詐欺よ、再び」と、いつものメンバーで巨額詐欺事件を起こし、それで得た資金を使い、自分たちの「延命」と「助命」を図《はか》ろうとしているわけだ。まあ、これだけ当局にバレている以上、今回の大型詐欺計画が頓挫《とんざ》するのは間違いあるまい。そもそも、こんな胡散臭《うさんくさ》い詐欺の手法が、何度も通用するはずはないのだ。

もはや世界は後戻りすることを許さない。どんなにニュー・ワールド勢が、最後のあがきを行ったとしても、それは自分自身のクビを締めるだけで、ニュー・エイジへと向かう道を防ぐことはできないのだ。

私は、ある大手ＩＴ企業の創業者から、こんな話を聞いた。

このファウンダーは匿名《とくめい》を条件に、「ハイテク産業を基盤とするアメリカ西海岸のオリガルヒは、みんな、もうロスチャイルドやブッシュ、クリントン、ロックフェラーなどの面々とすでに関係を絶っているよ」と教えてくれた。

マイクロソフトの創業者であるビル・ゲイツですら「自分はロスチャイルドやブッシュらの仲間ではないし、彼らとともに逮捕される覚えもない」と声高に主張している。なんとか助命してもらおうと、「司法取引」に応じる気が満々なのが窺《うかが》えよう。これまでの「犯罪」をすべて証言する代わりに、自分の命と資産を残そうとしているのだろう。こうした「裏切り」行為は、今後、ますます増えていく。

そうしてニュー・ワールド勢は、その罪にふさわしい、みっともない最期《さいご》を迎えるのだろう。

そう、ヒラリー・クリントンが大統領選で見せた惨めな姿のように――である。

エピローグ —— 人類運命共同体の黄金時代に

◆「森友事件」の真の意味

——これから日本は、どうなるのか？

本編を読んだ人は気づいているだろうが、ここまで日本に関する言及はほとんどない。書かなかったのではなく、書くことがなかったのだ。

世界がニュー・エイジ体制に向かって激しく動いているのに、日本の政治家は混乱して、ただじっとしている。

前章で少し触れたが、大統領選でドナルド・トランプが勝利した結果、アメリカの「内戦」はアメリカ軍の勝利で決着した。大統領選終了後から2017年3月現在まで「ナチス派」の残党狩りが本格化している。それで日本政府の上位組織だったジャパンハンドラーズが消え、一種の無風状態になっているのだ。

実際、国際犯罪ネットワークの極東本部長ともいうべき、リチャード・アーミテージ、マイケル・グリーン（本名はグリーンバーグだ）らは、すでに排除された。

その一方でトランプ政権の日本への関心は低い。当然であろう。トランプ政権は、ロシア、ヨーロッパ主要国とともに「キリスト教諸国連合」に向けて、すでに走り出している。日本についてはせいぜい、韓国との軍事同盟を強化し、極東方面で中国を牽制《けんせい》する「番犬」にする。それが今の日本の位置づけなのだ。あとは、トランプの大統領就任のお祝いに「日本の年金51兆円（4500億ドル）をアメリカへ投資します」と、安倍晋三首相が手土産を渡して喜ばせたように、日本の金融資産をアメリカにせっせと投資してくれれば、十分なのである。

ただ、関心が低いだけなら、まだいい。

問題は、いまや安倍晋三総理大臣が絶大な支持率で君臨している日本が、旧体制、つまりニュー・ワールド勢が作ってきた「ファシズム枢軸」の最後の牙城となっていることなのだ。それを見事に象徴するのが、2017年2月、3月、突如、日本で吹き荒れた通称「アッキード」と呼ばれる「森友事件」であろう。

この事件を語るうえで、最も重要なのは、このスキャンダルが大問題に発展したのが、トランプ政権において国務長官であるレックス・ティラーソンが訪日した直後、という点なのである。

2017年3月15日から18日にかけて日本、韓国、中国を歴訪していたティラーソンだが、何度か説明したように、彼は石油メジャーの関係者であり、当然、ロックフェラーの影響下にある。つまり、トランプ政権のメリットよりロックフェラーのために動いている節があるのだ。

そこで今回の訪日だが、皇室に近い右翼筋から、とんでもない情報が入ってきた。ティラーソンの目的は、天皇陛下に働きかけて無理やり、なんと「4京円分」の世界銀行債の換金を試みたというのである。

もともと今上《きんじょう》天皇と小沢一郎は、デイビッド・ロックフェラーと「縁《ゆかり》が深い」関係にある。それでティラーソンは、ニュー・エイジ体制で追い詰められたロックフェラー一族の「救済」のために日本の「富」を狙ってきたというわけだ。

兆ではなく「京」という天文学的な金額だけに、その裏づけは長期に渡る。そこでティラーソンは、その資金の一部を使って小沢一郎政権を誕生させようと目論んでいたらしい。

そこで「森友事件」である。

CIA筋によれば前から「森友学園がらみのスキャンダルは、小沢政権誕生の実現に向けた〝安倍おろし〟キャンペーンの一環」との情報を寄せてきた。

長年、日本の政界をウォッチしていれば、こうした「奇妙な」スキャンダルでメディアが大騒ぎしていくうちに、時の政権が倒れるケースが少なくないのがわかる。

これはジャパンハンドラーズによって日本の総理大臣職が、「もともと、いつでも下ろせるスキャンダルを持っている」ことが条件となってきたからである。

つまり、ある特定の「スキャンダル」、一見すれば総理を辞めなくてもいいような中途半端なスキャンダルが「表」に出た時点で「倒閣」のスイッチが入るのだ。そのとき、「たいした問題ではない」と総理の地位にしがみつけば、当然、次は「本命」のスキャンダルが表に出てきて、政治家生命を絶つだけでなく、下手をすれば「生命」まで断ち切られる。だから、たいしたスキャンダルでもないのに、あっさりと総理の座を降りるのだ。

その意味で今回の「森友事件」は本命ではない。あくまでも「倒閣シグナル」のスキャンダルなのだ。ゆえにマスコミは異常とも言えるほど大騒ぎしていたのである。

おそらくだが、安倍晋三の政治家生命まで絶ち切る「本命」のスキャンダルは、かねてより噂になっていた「勝共連合」がらみであった可能性は高い。こんなものが表沙汰になれば、政治家を続けられるはずはない。というより数々の総理を輩出してきた政治家の名門「安倍家」（佐藤家、岸家）のお家崩壊であろう。ゆえに、この「森友事件」が発覚した時点で安倍政権は倒れると考えられていたのだ。

ところが、トランプ政権以降の日本はジャパンハンドラーズが不在となっている。

このティラーソンの計画も実は頓挫している。先の皇族に近い右翼筋も「すでに陛下は多くの実権を皇太子殿下に渡している。また皇太子殿下はロックフェラーには、何の縁《ゆかり》もない。それで失敗した」と語っていた。

だからこそデイヴィッド・ロックフェラーの死亡が、ぎりぎりまで公表されなかったのだ。もうおわかりだろう。森友事件から発展して本命のスキャンダルが出てくる可能性が潰れたからこそ、途中から安倍政権は一転、強気となって籠池泰典の証人喚問を認めて、騒動の鎮静化に成功したのだ。

とはいえ、これで安倍政権が安泰《あんたい》かといえば、それは違う。先にも述べたが、安倍晋三はファシズム枢軸に深く関わってきた。日本をスムーズにニュー・エイジ体制へと移行させるには、安倍晋三と麻生太郎を権力の座から引きずり下ろす必要があるのだ。

ここで残念なのが野党の体《てい》たらくであろう。

実は「蓮舫《れんほう》」についても華僑筋から、こんな話を聞いている。

現在の日本は、「キリスト教諸国連合」に加盟できないにもかかわらず、西洋陣営に入ろうと動いている。そこで華僑勢力は、華僑の血筋である蓮舫を野党第一党の党首にすることで、東洋陣営参加を掲げ、政権交代を実現。日本を東洋陣営に参加させよう、という計画を立てていたらしい。

そもそも、たいした政治実績のない蓮舫が民進党の党首に選ばれたのも、この計画に基づき、華僑が資金や人材をバックアップしてきたからなのだ。実際、大手メディアは「日本初の女性首相へ」と持ち上げてきた。これも華僑マネーが流れていたからなのだ。

さて、この素晴らしいプランは、あっけなく破棄されることになる。

その理由は本当に情けない。蓮舫の政治家としての器が小さすぎて、この計画を実行するのは絶対に無理だと判明したからなのだ。華僑の支援がなくなれば蓮舫はただの目立ちたがり屋の政治家に過ぎず、野党最大党首としての能力はない。それで、ますます安倍政権が安泰となり、安倍晋三の頭の中は「お花畑」が咲き乱れてしまい、思考能力が、どんどん、失われてしまった。日本の政治情勢は本当に悲しい状況に陥《おちい》っている。

蓮舫は、ときに「R4」と称される。この名が付いたのは、蓮舫が自分の子どもにゲームソフトの不正コピーをする「マジコン」と呼ばれる機材を与え、「賢い倹約」とばかりにブログで自慢した。そのマジコンの機種の名前が「R4」だったことから、そう呼ばれるようになった。蓮舫の周囲には、この手の脇の甘い話がごろごろしている。そんな人物が総理になったところで政権が持つはずはない。それで華僑勢力は、いっせいに離反したのだ。

◆人類の黄金時代が始まる

ニュー・エイジ体制は、本来、日本に大きな発展をもたらしてくれるものだ。

いま、日本は戦後最大の「独立」の機会がめぐってきている。事実、大統領選以後、日本の権力から「ジャパンハンドラーズ」が不在になっているからである。

ここで強いリーダーシップを取って独立に動けば、日本はニュー・エイジ体制の時代、とてつもない繁栄を迎えることができるはずなのだ。

日本は見方を変えれば「東洋の国でありながら西洋的な国家」である。いわば両陣営の「橋渡し」ができる唯一の国というポジションを得られるのだ。もっと言えば、日本は東洋、西洋の二つの陣営に参加できる。対立した利害調整の役割も担《にな》えるだろう。

今のスイスのように、両陣営の「特区」のような立場となって、多くの国際機関が置かれても不思議はない。そのチャンスがめぐってきているのだ。

だが、安倍晋三にせよ、蓮舫にせよ、与野党の党首が、この有様では、とうてい、不可能であろう。

このふがいない党首を追い落とし、新しい時代に向けて「チャンス」をつかみ取ろう、国家を正しい方向に導き、国民をより幸せにしようという「大志」を持った政治家たちもまた、現時点では見当たらない。

時代は加速度的にニュー・エイジへと移行しているのに、日本だけが時代に「取り残される」。この現実がひとりの日本人として非常に悲しいのである。

今の日本が問題なのは、ニュー・ワールド・オーダーの旧体制は終わった、これから人類が運命共同体となって手を取り合って発展する「ニュー・エイジ体制」になっている、そんな実感が、持てないところであろう。

ならば、やることは一つ。

声を大にして「時代が変わる」「世界は変わる」と、ひとりでも多くの人が叫び続けるのだ。本書は、そのために執筆した。本書を手に取ってくれた読者は、是非とも、周囲の人に、私が述べてきた「ファクト」を伝えてほしい。

私自身、一つ、いいアイディアを持っている。

——新暦構想である。

現在、使っている「西暦」を廃止して、ニュー・エイジ体制にふさわしい「新暦」を作っていこう、そんな気運を高めていきたいと考えているのだ。

それも太陽暦（西洋暦）と太陰暦（東洋暦）を併用する。太陽暦は1年を正確に刻むことができる。一方の太陰暦は季節を正しく刻んでくれる。この両方を併記する、まったく新しい暦を作れば、「新時代の到来」を実感しやすくなるはずだ。

その「元年」は、ニュー・ワールド勢の戦犯裁判が終わり、国連ではない、人類共同体へとつながる新しい国際機関が設立した年がふさわしい。

そのとき、この新暦は、こう呼ばれるだろう。

——黄金暦、と。

人類が、長い年月をかけ、多くの血を流し、ようやく到達した「黄金時代」を刻んでいく、そんな暦が生まれることを私は信じているのである。

２０１７年３月29日

ベンジャミン・フルフォード

◉著者について
ベンジャミン・フルフォード
Benjamin Fulford
1961年カナダ生まれ。80年代に来日。上智大学比較文化学科を経て、カナダのブリティッシュ・コロンビア大学を卒業。その後再来日し、『日経ウィークリー』記者、米経済誌『フォーブス』アジア太平洋支局長などを経て、現在はフリーランスジャーナリスト、ノンフィクション作家として活躍中。主な著書に『クライシスアクターでわかった歴史／事件を自ら作ってしまう人々』(ヒカルランド)、『99%の人類を奴隷にした「闇の支配者」最後の日々』(KKベストセラーズ)、『逆襲のトランプと大激変するアメリカ』(メディアックス)、『日本も世界もマスコミはウソが9割』(リチャード・コシミズ氏との共著、成甲書房)など多数。

トランプドルの衝撃《しょうげき》

新生《しんせい》アメリカはロシアとの白人同盟《はくじんどうめい》を目指《めざ》す

◉著者
ベンジャミン・フルフォード

◉発行日
初版第1刷 2017年4月30日

◉発行者
田中亮介

◉発行所
株式会社 成甲書房

郵便番号101-0051
東京都千代田区神田神保町1-42
振替00160-9-85784
電話03(3295)1687
E-MAIL mail@seikoshobo.co.jp
URL http://www.seikoshobo.co.jp

◉印刷・製本
株式会社 シナノ

Printed in Japan, 2017
ISBN978-4-88086-355-9

定価は定価カードに、
本体価はカバーに表示してあります。
乱丁・落丁がございましたら、
お手数ですが小社までお送りください。
送料小社負担にてお取り替えいたします。